İstanbul Ekim 2014

ÇEKİRDEKTEN YETİŞTİRME

Dr. Hayal KÖKSAL

Dignity Press
World Dignity University Press

Published by
Dignity Press
16 Northview Ct.
Lake Oswego, OR 97035, USA

www.dignitypress.com/catch-them-young

Yayınevi Sertifika No. 19505
Yazar: Hayal KÖKSAL
Kapak Tasarımı ve Sayfa Düzeni: Bora KAPTANOĞLU
Yayımlayan: Art Reklamcılık Yayınları
0212 288 93 90 - www.artreklamcilik.com.tr

Baskı ve Cilt: Art Reklamcılık Tas. Hiz. San. Tic. Ltd. Şti.
0212 288 93 90 - www.artreklamcilik.com.tr

ISBN 978-1-937570-57-6

İÇİNDEKİLER

Önsöz 5

Kitaba Değer Katan Yorumlar 11

İçimdeki Çocuktan Önsöz 17

Bölüm 1 - Sürekli Gelişim Yolculuğu 21

Bölüm 2 - Dağarcığımdaki Yeni Kavramlar 27

Bölüm 3 - Bireysel İlkeler 39

Bölüm 4 - Yol Haritası 53

Bölüm 5 - Yaygınlaştırma 63

Bölüm 6 - Çekirdekten Yetiştirme 67

Bölüm 7 - Etkinliklerin Önemi 81

Kaynakça 88

Ekler

Ek 1 - Etkinlikler 93

Ek 2 - Okul Niteliğini Değerlendirme Çizelgesi 145

Ek 3 - Uluslar Arası Bilişimci Martılar Projesi 151

Hayal Köksal Kalite ve Barış Eğitim Ağı 157

Yazar Hakkında 159

ÖNSÖZ

Yavrularımız; geleceğimiz... Onlar evlerimiz ve okullarımızdaki "Yaşam Boyu Gelişim Yönetimi" ile "Saygın Gelecek Liderleri" yetiştirme çalışmalarımızın odaklandığı hedef kitle. Diğer bir deyişle, gelecekte vatanımızı ve tüm değerlerimizi hür iradelerine bırakacağımız birincil ve asıl paydaşlarımız.

Ailelerin çocuklarına temel yaşam becerilerini ve iyi insan olma özelliklerini benimsetme yolculuğunda eğitim kurumlarıyla ortak hareket etmesi ve aynı dili konuşması da son derece önemli. Çağımızda eğitimin ana amacının "Öğrenmeyi öğrenmiş, yaşam boyu öğrenci olmayı özümsemiş özellikte yeni kuşaklar yetiştirmek" olduğunu biliyoruz. Zamanımızda ancak böyle bir hedefle 'Nitelikli/Kaliteli İnsan' yetiştirebilmek mümkün gibi görünüyor. Dünya liderliğine soyunan Hindistan ve Çin gibi ülkelerde uygulanmakta olan eğitim programlarını incelediğimizde bu anlayışın yerleşmiş ve çevre ülkeleri de içine alan bir yapılanmayla genişletildiğini görüyoruz. Bu ülkeler büyük bir değişim ve hızlı bir kalkınmanın çalışmalarını yürütmekteler, hem de kültürel ve moral değerlerini işin içine çok güzel bir şekilde katarak...

Bugün öğrenci olanların "öğrenicilik" yanlarının hiç bitmemesi gerektiğini anlaması ve sonraki yıllara taşıması ancak bugünden geliştirecekleri ve kendilerine uyarlayacakları; "Bireysel Gelişim Uygulamaları"yla mümkün olabilecek, aynen Köy Enstitüleri anlayışındaki "Değişimi; yaparak, yaşayarak öğrenen aydınlığın çocukları"nın yaptığı gibi. Tüm uğraşlarımız, yalnızca çocuklarımızı değil kendimizi de hızla değişen dünya koşullarında daha iyi bir yaşama hazırlayabilmek; 21. yüzyılın küresel rekabet ve şiddet ortamında bile mutlu, başarılı, sağlıklı olarak yaşayabilecek empatik, çağdaş ve verimli bireyler olarak donanımı sağlayabilmek için!

"Sürekli Gelişim ve İyileştirme" çalışmalarının, kararlı, sabırlı ve gereğince uygulandığı eğitim kurumlarında görülen başarı, "önce insan" görüşünün ve bilimsel çalışmaları benimsemiş çağdaş uygulamaların sonuçlarından biri. Eğitim kurumlarının başlıca paydaş grupları olan idareci, öğretmen, aile ve hatta iş dünyası ile Sivil Toplum Kuruluşları'nın (STK) 'Nitelikli Eğitim' konusunda bilinçlendirilmesi sürecinde, öğretmen ve öğrencilerin olduğu kadar anne ve babaların da aynı olanaktan yararlanması gerektiğine olan inancım nedeniyle bu kitabı kaleme aldım. Önceleri hedefim yalnızca ilköğretimden liseye kadar okumakta olan öğrenciler iken, sonraları anne-babalarla öğretmenleri de işin içine katarak her sınıf düzeyindeki öğrencilere ve okul sürecini tamamlamış yetişkinlere de seslenmek gerektiğini düşündüm. "Her bireyin başarılı ve topluma yararlı bir vatandaş olabilmesi için 'yaşam boyu öğrenen' olması gerektiği" fikrinden yola çıkarak 'İçimdeki Çocuğu' ve onun sıcacık yuvasını derdimi anlatmada aracı yaptım. Elimden geldiğince basit bir dil, ilgi çekici ve güncel örnekler kullanmaya çalıştım. Amacım geleceğin liderlerini ve onları yetiştirme görevini ve sorumluluğunu taşıyan öğretmen ve aile bireylerini "Neden yaşam boyu öğrenen olmalı? Neden bu okul-aile işbirliğiyle yapılmalı?" sorularına odaklayabilmekti.

Eğitimin, nitelikli birey yetiştirmek için önce aile yuvasının sıcaklığı içinde başlayıp daha sonra okulu, toplumu ve iş dünyasını sarıp sarmaladığını vurgulamaya kültürümüzün özünü oluşturan imeceyle anlatmaya çalıştım. Yani kısaca; "Evimizdeki Okul, Okulumuzdaki Ev" yaklaşımının önemini vurgulamak istedim. İşte bu nedenle kitabımın ismi: "Çekirdekten Yetiştirme". 'Ağaç yaşken eğilir' özlü deyişinin bir başka söylenişi. Hintli dostum sevgili Dr. Jagdish Gandhi'nin okuluna slogan yaptığı "Catch them young=Onları küçük yaştan eğitin!" sözünde olduğu gibi... Bu isim eğitime verilen önemin ailede vurgulanması gerektiğini, büyük küçük fark etmeksizin ailedeki her bireyin 'yaşam boyu öğrenen' olmasını anlatıyor. Hem böylece, hedeflerinden birinin "yaşam boyu öğrenen kuşaklar yetiştirmek" olarak tanıtımı yapılan 2005 yılı İlköğretim programları için de ortaya yararlı bir kaynak çıkmış oluyor.

Aslında bir yaşam biçimi olan 'Yaşam Boyu Gelişim" veya diğer bir deyişle "Sürekli Kalite İyileştirme" bireysel donanımımız için son derece yararlı ve uygulanması da kolay bir felsefe. Öğrenmeye ve sürekli gelişime açık bir dönemde, yürekleri tertemiz duygularla dolu olan çocuklarımızın olumlu düşüncelerini olumsuza çevirmemek; yüksek düzeydeki enerjilerini ülkemizin çağdaşlaşması, ilerlemesi ve mutluluğu için yönlendirmek ve de yapıcı ortak çalışmalar yoluyla daha da pekiştirmek, biz yetişkinlerin, özellikle ebeveynlerden başlayarak tüm düzeydeki eğitimcilerin amacı olmalı. İnsanlarla barışık, her zaman öğrenmeye hazır, meraklı, mutlu ve yaratıcı 'İçimizdeki çocuğu' büyütmememiz gerektiği vurgulanır çoğu zaman uzmanlar tarafından. Henüz kin, nefret ve savaş gibi olumsuz duygularla donanmamış, meraklı gözlerle çevresini inceleyen ve hep bir eli yardıma hazır olarak uzanmış o "çocuk", yetişkin bireyin de sığındığı ve huzurlu limandır genelde. Önemli olan; zaman zaman ona kulak verip mantığımızın yerine yüreğimizin gözüyle bakabilmek; insan olmanın "saygınlık" ile taçlandırılması gerektiğini ona öğretebilmek.

Bu çalışma, 1992 yılından bu yana son derece ilgimi çeken kalite felsefesi çerçevesi içinde öğrendiklerim ve öğrencilik yıllarımdan başlayarak öğretmenliğimin 39. yılına kadar edindiğim birikimin bir ürünü. Tabii ki bu kitaba ailemin katkısını yadsıyamam. Annemin 'yaşam boyu öğrenci olma' ilkesi benim de ilkem oldu. 70'li yaşların huzurlu dinginliğinde bile neden teknolojiyi, özellikle interneti kullanamadığını sorgulayan ve buna hayıflanan canım annem ile yaratıcılık adına daha yeni yeni geliştirilmekte olan stratejileri yarım asır önce üzerimde uygulayan sevgili babamın –nûr içinde yatsınlar- ilk öğretmenim olup bana okuma ve sürekli öğrenme aşkı kazandırışlarını unutmam mümkün değil. Okuldan önceki eğitim ocağım, evimdi benim. 'Yaratıcılığımı ortaya çıkartan' en güzel uygulamalarla büyütüldüğümü, yıllar sonra bir eğitimci olarak akademik çalışmalara giriştiğimde anladım. İletişimin ve geri bildirimin önemini, yanlış ve doğrularımı açık yüreklilikle ve dürüstçe paylaşabilmeyi çok değerli anne ve babamdan öğrendim. Evdeki öğretmenlerimdi onlar benim; evimse okul! Atatürk'ümü ve ilkelerini evdeki Atatürk Köşesindeki "Gençliğe Sesleniş"inden kazandım. Beni çekirdekten itibaren aileme, vatanıma, milletime ve tüm insanlığa hayırlı bir evlat olmam için yetiştirme gayreti gösterdiler; tıpkı her bilinçli anne-babanın yapması gerektiği gibi. Kendilerine sonsuz sevgi, saygı ve teşekkürlerimi sunuyorum.

Köy Enstitülü büyüklerim, Öğretmen Okulu ve Eğitim Enstitüsü mezunu öğretmenlerim oldu. Çocukluğumun daha ilk yıllarında saz, keman ve mandolin nağmeleriyle tanıştım. Şiirler, şarkılar ve rondlar yoldaşım oldu. 4 yaşımda başlayan 'okuma-yazma' heyecanım çizgi roman haline getirilmiş klasiklerle doruklara ulaşmıştı daha o yaşta. Zamanla da; Yakup Kadri, Ömer Seyfettin, Kemalettin Tuğcu, Sait Faik, Aziz Nesin ile yurdumun, Cronin, Dickens, Twain, Tolstoy, Moliere, Hugo ve daha niceleri ile de diğer ülkelerin gerçeklerini tanımaya çalıştım. "Kafa, Kol ve Kalp" üçlüsünün ancak birlikte ve uyum içinde geliştirilmesiyle "yetkin bir insan" olunabileceği gerçeğini kavrattı tüm bunlar bana.

İzmir Eğitim Enstitüsü'nden mezuniyetimle başlayan meslek yaşamıma, yurdumun her ilini gezip tanımak ve orta öğretimden üniversiteye, hatta yüksek lisans sınıflarına kadar farklı il ve düzeydeki okullarda çalışmak renk ve zenginlik kattı. Daha da güzeli, en büyük desteğim olan sevgili anne ve babamdan sonra aynı desteği sevgili eşimde de bulmam oldu. Bu felsefeyle yetiştirmeye çalıştığımız ve şu an çok özel ve başarılı bir meslek yaşamı içinde olan biricik kızımızın kalite odaklı yaşam yolculuğuma olan katkılarını yadsıyamam. İyi ki varlar ve benimle birlikteler.

Birikimimi; kalite uzmanı, sevgili dostum John Jay Bonstingl'ın kolay anlaşılır ve uygulanır bir şekilde sunduğu kalite ilkeleri, sevgili Hintli kardeşim Dr. Vineeta Kamran'ın bilgeliği ve yaşamıma son yıllarda renk katan sevgili Evelin G.Lindner ve Linda M. Hartling'in insan onurunu yüceltme çalışmalarıyla harmanlayınca ortaya bu rehber kitap çıktı. Eminim ki; sizler de kalite yolculuğuna bir an önce çıkmak için sabırsızlanacak ve yaşamınız boyunca içinizdeki öğrenme dürtüsüne sırtınızı dönmeyerek, bu ülküyü gerçekleştirmenize yardımcı olan 'içinizdeki çocuk'un çağrılarına kulak vereceksiniz.

Bu kitabın ilk beş bölümünün çok basit olarak anlatıldığı ilk baskısı 2003 yılında "Ben Kalite Gönüllüsü bir Öğrenciyim" adı altında Milli Eğitim Bakanlığı yayınları arasında çıktı. Milli Eğitim Bakanlığı, yayımcılık sistemini değiştirince tükenen baskısı yinelenemedi. "İçimdeki Çocukla Sürekli Öğrenen Ben" adıyla ve anne - babalara da seslenen ayrı bir bölümüyle 2007 yılında yeniden basıldı, ancak dağıtımı üstlenen firma ile yaşanan sorunlar yüzünden basılan kitapların yarısı kayba uğradı. Bir zamanlar öğrencim ama şu an değerli meslektaşlarım olan sevgili Duygu Deniz ve Hatun Zengin Bolatkale'nin çevirisiyle sizlere yeni bir bölüm olarak eklediğimiz 90 etkinlik, 1985 yazında kendimi geliştirme amacıyla katıldığım "Milli Eğitim Bakanlığı, Anadolu Liselerine İngilizce Öğretmeni Yetiştirme Hizmetiçi Eğitim Programı" ve 1986 yılı "Fullbright Semineri"ndeki kaynaklardan alınmadır. Lütfen onları evinizdeki ve sınıfınızdaki çalışmalarınızda birer oyun olarak, çocuklarınızın öğrenme yolculuklarını keyifli hâle getirmek amacıyla kullanın. Elinizdeki değiştirilip geliştirilmiş baskıyı Art

Reklamcılık'ın sahibi sevgili Naim Özsezikli Beyefendinin maddi ve manevi desteği; A + Pozitif Matbaasının sahibi sevgili Apdullah Yıldırım'ın kitabın ismini bulma ve Dignity Press'inbasma konularında gösterdiği büyük işbirliğiyle gerçekleştiriyoruz. Özellikle Naim Beyin kitabın basımı için gösterdiği özverili çabaya minnettarım. Umarım daha fazla kişiye ulaşır, yararlı oluruz. Dönütlerinizi bizlerle paylaşmanızı diliyoruz.

Sevgili öğrenciler, sizleri seviyor ve ülkemizin geleceği adına sizlere çok ama pek çok güveniyorum. Niteliğinizi her gün biraz daha geliştirme adına yaptığınız 'sürekli gelişim yolculuğu'nda yolunuz açık olsun! Unutmayın ki bu bir 'İnsan Olma Yolculuğu' ve her yer sizin için bir öğrenme alanı ama öncelik; evinizde!

"Gelecek mühendisleri" olarak algıladığım, siz sevgili anneler, babalar, öğretmenler: Çocuklarımızı iyi yönlendirmek istiyorsak onların neler hissettiklerini, neler düşündüklerini, nasıl öğrenebildiklerini, bizi nasıl değerlendirdiklerini ve yaşamda -şu ya da bu şekilde- hangi sorunlarla karşılaştıklarını, bu sorunlar ve engeller karşısında ne düşündüklerini ve onları nasıl aşmayı planladıklarını bilmemiz gerekiyor. Yuvalarınızın sımsıcak, sevgi dolu ve eğitici alanlar olması şart. Okulların da sıcacık aile ortamı benzeri yuvalar… İnternet evleri ofis yaptıysa, neden okul yapamasın! Öğretmenlerin yerini tabii ki hiçbir şey tutamaz ve tutmamalı. Ancak öğretmenlerin kendilerini çok iyi yetiştirip donanmalarına devam etmeleri de son derece önemli. Mezun olunan bilgilere sımsıkı yapışıp emekli olana dek aynı yöntem ve felsefeyle gitmemek; gelişimin ve öğrenmenin sürekli olduğunun ayırdında olmak ve öğrencilerimizden de çok şey öğrendiğimizi peşinen kabul etmek biz 21. Yüzyıl eğitimcileri için anahtar kurallar. Verdiği ödevi acaba önceden kaç öğretmen yapmakta kendisini öğrencilerinin yerine koyarak? Acaba kaç anne-baba koyduğu yasaklar kendilerine uygulansa neler hissedeceklerini düşünmekte? Kaçımız gelecek planlarımıza başka öğrenecekler listesi hatta bir meslek daha ekledik? Hangimiz; "Bu benim için geçti!" yerine; "Bunu kendime, yaşantıma nasıl uyarlayabilirim ve/ya öğrenebilirim?"diye düşünüyoruz?

Hepimiz bizden sonrakiler için birer "rol model"iz. Elinde sigarası ile "Sakın sigara içtiğini görmeyeyim!" diyen bir anne modeliyle; "Neden kitap okumuyorsunuz? Sizde bu alışkanlığı bir türlü yaratamadım! Ne kadar da tembelsiniz!" diye sürekli söylenip duran ama okuyup araştırdığı, elinde bir kitap taşıdığı asla görülmemiş bir öğretmenin, öğrencileri üzerindeki inanılırlığı ve etkinliği sizce ne kadardır? Tüm bunlar, hep bildiğimiz ama vazgeçemediğimiz alıntılar yaşamdan. Bir şeyleri "değiştirme" vakti! O, neden şimdi olmasın? Çocuklarınızı, öğrencilerinizi nitelikli, saygın ve onurlu bir yaşam için ne kadar erken yönlendirirseniz; yaşamda o kadar çok başarılı olacaklar! Ve bu anlayış evden başlayarak önce okulda sonra toplumda onları sarıp sarmalayacak. Bunu hiç unutmayınız lütfen…

Bu kitap; "kalite felsefesi"ni öğrendikçe kendini mutlu ve verimli hisseden, evini, ailesini ve öğretmenini çok seven, kendince "sürekli gelişim" yolculuğunu başlatan bir çocuğun ağzından yazılmıştır. Çağdaş ve gelişime açık olan bu çocuk, attığı her adımın yanı sıra başladığı her kitap bölümünü özlü sözler ve görüşler ile süslemiştir. Ayrıca kitabın sonunda bir sayfalık örnek bir "Günlük" çalışması var. Bir öz değerlendirme ve günü planlama rehberi olan 'Günlük'ten sizin de yararlanacağınıza inanıyorum. Umarım sizler de içinizdeki çocuğu dinleyip ona kendini anlatabilme hakkı veriyorsunuzdur. İç seslerimiz çok değerli. Bizler eğer yüzyıllardır tarih sahnesindeysek, nedeni 'gönül gözü'müzü açık tutmayı bilmemizdendir. Küçüğüyle büyüğüyle; kadını ve erkeğiyle bir yumak, gereğinde tek bir yumruk olabilmeyi, birbirimizi anlamayı ve birlikte imece ruhunu yaşatabilmemizdendir. Bu asırlardır böyle oldu, bundan sonra da böyle olacak! Hele bir de okumayı sever ve ezberlemek yerine bilimsel yöntemlerle sorgulamayı, düşünmeyi ve çözüm üretmeyi bilebilirsek...

Satırlarımı, yeni yılda bir kez daha okumaya karar verdiğim ve bunu yapmakta da ne kadar isabetli davrandığımı bir kez daha anladığım; "Beyaz Zambaklar Ülkesinde" adlı kitaptan bir alıntıyla bitirmek istiyorum. Kitabın bir başka baskısı, 7 yaşımdayken babam tarafından kütüphaneme kazandırılan ilk kitaplardan biriydi. Özelliği neydi derseniz; 83 yıl önce Petrov tarafından kaleme alınan ve Finlandiya'nın neden PİSA sonuçlarının en başında yer aldığını bize çok güzel açıklayan kitabın 44. sayfasında yazarın satırları bunu çok güzel açıklıyor:

"...İnsanlar şahsi sorumluluklarının farkına varmadığı sürece, ülkenin kalkınması da mümkün olmayacaktır. Her vatandaş, "yaşamın yaratıcısı" olmalı... Kim olursanız olun profesör, doktor, âlim, tüccar, subay, din adamı, bakan bu yeteneğinize, başarınıza ve başarısızlığınıza bağlıdır, fakat bir tek şeyi unutmayın: Ülkenize ve halkınıza bedeninizin, aklınızın ve ruhunuzun bütün gücünü verin!"

Her birinizin edindiği bilgi ve beceriyle birer "Yaşam Yaratıcısı" olmasını diliyor, çekirdekten yetişen yani küçük yaştan itibaren gereğince, doğru ve akılcı bir şekilde yönlendirilen çocuklarla dolu mutlu ve verimli bir dünya diliyorum.

Sonsuz sevgi ve saygılarımla, aydınlık yarınlar.

Dr. Hayal KÖKSAL
2 Eylül 2011, İstanbul

Bizleri sevgiyle, 'Sürekli gelişim' anlayışıyla yetiştiren "Evimiz Okul" anlayışıyla ışıtan sevgili annem ve babam; Necla ve Remzi Özışıklıoğlu'na...

Emekliliğine yakın bir dönemde ikinci fakülteyi okuyup "Yaşam boyu öğrenci" felsefesine bağlılığını bir kez daha vurgulayan, en büyük desteğim sevgili eşim A. Servet Köksal'a...

Yaşamında San'at ve Matematik'i çok yaratıcı bir biçimde harmanlayan biricik kızım, Evrim Köksal Arkut'a...

ve

Yaşamımızın ikinci baharını yaza çeviren sevgili torunumuz Deniz Arkut'a...

KİTABA DEĞER KATAN YORUMLAR

Hayal Köksal'ın insan saygınlığı konusunda derinden gelen, özlü ve köklü bir anlayışı var. İnsan Hakları Evrensel Beyannamesi'nin Birinci Maddesi şöyle der: "Tüm insanlar haklar ve saygınlık açısından hür ve eşit doğarlar". İnsan saygınlığı; kalite ve mükemmellik kavramlarının temel değeridir. Çocuklar ancak yaşamlarının merkezine insan saygınlığı için saygı yerleştirirlerse gelecekte yaşanmaya değer bir dünya oluşturabilirler. İnanıyorum ki; bu kitabın böyle bir dünyanın oluşmasına katkısı çok büyük olacak. Biliyoruz ki; saygınlık, kalite ve dayanışma kardeş kavramlar.

Gerçek kalite edinimi; başarı, statü veya para kazanmaktan çok daha önemli bir zenginliktir. Yaşanan küresel krizler, kalitenin aslında insanlar için para ve statü kazanmaktan çok daha önemli olduğunu göstermekte. Şimdi dünya insanı bireysel kalitenin çok daha önemli olduğunu düşünüyor. İnsanlık olarak çocuklarımız için daha saygın bir dünya yaratma yolunda yıkıcı kavramları geride bırakıp; yapıcı, olumlu ve barışsever bir dünya oluşturmanın ilkelerine odaklanabilirsek ve bunu da hem ekonomik hem de çevreci anlamda yaparsak gerçekten işe yarayacaktır. Yazarın konu hakkındaki tam ve yetkin uzmanlığıyla bilgeliği bu kitabı anneler ve çocukları için vazgeçilmez kılacak.

Evelin G. Lindner, MD, PhDs
(Dr. Med. ve Dr. Psychol.)
Sosyal ve İnsani Bilimler Öğretim Üyesi,
Kurucu Başkan, Human Dignity and Humiliation Studies
www.humiliationstudies.org

Dr. Hayal köksal'ın adı; "Kalite ve Mükemmellik" ile eş anlamlıdır. Kendi içinde cisimlenmiş "Kai Zen" felsefesi ile bir rol model ve değer oluşturucu bir eğitimcidir. Büyük bir aşk ve dinamizm yüklü kişiliği ile birçok çalışma ve projeye kattığı yaratıcı ve yenilikçi yaklaşımları, bizler için sürekli bir hayranlık ve şaşkınlık kaynağıdır. Çok verimli bir eğitimci yazar olan Dr. Köksal çok çeşitli konulardaki derin bilgisi ve üstün organizasyon yeteneğiyle bizi etkilemektedir. Kendisi tek kişilik bir ordudur. Geleceğin liderleri olan çocuklar için üstlendiği asil girişimler ve tüm çalışmalar için kendisine en içten dileklerimi sunuyorum.

Dr. Vineeta Kamran
Kurucu Müdür, CMS, Lucknow, Hindistan
www.cmseducation.org

Hayal Köksal'ın başarılı bir şekilde hazırladığı kitabı için bir şeyler yazmak benim için çok büyük bir zevk. Kendisi hem Sürekli Gelişim Derneği'nin kurucu başkanı, hem de Eğitimde Toplam Kalite ve Mükemmellik Dünya Konseyi'nin (WCTQEE) Türkiye Genel direktörü olarak 36 yıldan bu yana kalite konusunda yaptıklarını büyük bir özveri ve adanmışlıkla yürütüyor.

Öğrenci Kalite Halkaları (İmece Halkaları) hareketinde olağanüstü bir uygulama birikimi ve PUKÖ Döngüsüne odaklı eğitim uygulamarında da müthiş bir "Kalite İnsanı" yetiştirme yetisi var. Sevgili dostumu candan kutluyorum.

Prof.Dr. Syed W. Ali
Johns Hopkins Universitesi, ABD
WCTQEE Danışmanı

Profesör Hayal Köksal Öğrenci Kalite Halkalarının, onun tanımlamasıyla İmece Halkalarının önde gelen liderlerinden biridir. Onun olağanüstü deneyimi okullardan üniversiteye ve endüstriye yayılmıştır. Eğitimde Toplam Kalite ve Mükemmellik Dünya Konseyi'nin (WCTQEE) önemli bir üyesi olarak şu anki uluslar arası hareketimizin gelişmesinde büyük ve önemli bir rol oynamaktadır. Türkiye örneğinde olduğu gibi ulusal gündemde yaptığı aydınlatıcı çalışmaları uluslararası arenadaki gelişimle harmanlaması sanatsal bir eserin ürünüdür.

Prof.Dr. Richard Ennals
Başkan yardımcısı, WCTQEE
Kingston Üniversitesi, Öğretim Üyesi, İngiltere

Hayal Köksal'ın Üçlüsü

Eğitim sistemimizi bir eşkenar üçgen olarak düşünün ve üçgenin her bir köşesine "öğrenci, öğretmen ve veli" üçlemesini yerleştirin. Hepsinin söz hakkı eşit olacaktır; 60 derecelik bir sınırlamayla bu üç grup kendi fikirlerini, düşlerini ve eleştirilerini bir araya toplayıp üçgenin iç açılarını 180 dereceye tamamlayacaklardır. Böyle bir sistemde alışılagelmiş atasözlerinde ve deyimlerde de yenilikler yapmak gerekecektir. "Eti senin kemiği benim," gibi tümceler bu eşkenar eğitim sisteminde anlamını kaybedecektir. Eski Türk filmlerindeki ebeveynlerin çocuklarını kurbanlık koyunmuş gibi öğretmene sunması ve bu sunuşta her verileni hap gibi yutan bir öğrenci kimliği yaratılması artık dinazorlaşmış bir film karesinden başka bir şey değildir.

Hayal Köksal katılımcılık kavramını eğitim sistemine oturtmak için büyük emekler vermiş, cinsiyet ve sınıf ayrımı gözetmeden birlikte üretebilen bir genç kuşağın varlığını bütün eserlerinde okuyucularına anlatmış ve Bilişimci Martı projeleriyle gençlerin yaratıcılıklarını ortaya koymasına ön ayak olmuştur.

İletişim çağına sadece alkışla değil eleşirel gözle bakan Hayal Köksal, "etik" kavramını algılamanın yanı başına koyuyor. Eğitimin hedefi, bilgiyi süzgeçten geçirebilen ve neden niçin sorularını korkmadan soran gençliğe sorumluluk vermek değil midir? Öyleyse, hangi et, hangi kemikten konuşacağız? Hayal Köksal'ın hayal dünyasının zenginliklerinde "ideal" eğitmen, öğrenci ve veli üçlemesi elele birbirini dinlemeye ve birbirinden öğrenmeye açık bir üçlemedir. Bu üçlü artık yeni deyimler üretme yolundadır.

Nefise Özkal Lorentzen
Film Yapımcısı, Norveç

"Damlaya, damlaya göl olur." atasözünü ilkokuldan itibaren bize para biriktir, tasarruflu ol diye öğretti öğretmenlerimiz. Oysa ben 35 yıldır damlaya, damlaya göl olmayı bırakın, bilgi birikiminin adım adım çabalarla deniz olduğuna tanık olan şanslı kişilerden biriyim ve bunu da çok sevgili eşim Hayal Özışıklıoğlu Köksal'a borçluyum. Sevgili Hayal bilgi birikiminin temelinde eğitim ve öğretim olan her projeye yıllardır artan bir tempo ile yol göstermekte.

Biraz sonra okumaya başlayacağınız bu kitabın önce çocuklarınızda sonra yetişkinler olarak sizin özünüzde var olan "kalite"yi yeşerterek sizleri "Yaşam Boyu Kalite İyileştirme ve Sürekli Öğrenme Serüveni"nin bir yolcusu yapacağına inanıyorum.

Sevgili Hayal, lütfen çok büyük bilgi birikimini yansıtmaya her alanda devam et. Kalite yolun sürekli aydınlık ve bitimsiz olsun.

A.Servet Köksal
Bir Kalite Gönüllüsü

Bu kitabı bir çırpıda okuyup bitirdim. Umarım tüm anne-babalar bu kitabı okur ve iyi bir insan yetiştirmenin ne çok sabır, emek ve özen gerektirdiğini bir kez daha görürler. Dr. Hayal Köksal'ın anne ve babası, hepimize örnek olmalı. Çocuklarımıza hiç emek vermeden, onlardan iyi öğrenci, iyi evlat, iyi vatandaş olmalarını bekleyemeyiz. Bu çok özel anne-baba, yaşamlarının odağındaki "kalite"yi çocuklarına çok küçük yaşlarda anlatmışlar, öğretmişler. Bizler de öyle yapmalıyız, hem çocuklarımız hem de kendimiz için. Kalite, hayatımızın her anında başköşede olmalı.

Bu kitap, anne-babalara, en zor kararlardan biri olan "okul seçimi" konusunda da rehberlik ediyor, onlara okul yönetimi ve öğretmenlerle sağlıklı iletişim için ipuçları veriyor, "öğrenme stili"mizi kolayca bulmamıza yardımcı oluyor.

Okuyan tüm öğretmenlerin, anne-babaların ve öğrencilerin, "kalite virüsü"nü kapacaklarına emin olduğum bu çok değerli kitabın yazarına, Dr. Hayal Köksal'a, yürekten sevgilerimle...

Figen Atalay
Cumhuriyet Gazetesi
Eğitim Editörü

Hayal Köksal, tıpkı adı gibi hayal kuran, ancak hayallerini de gerçeğe dönüştürmek için savaşan bir amazon kadın. Kelimenin tam anlamıyla Atatürk Türkiye'sinin çağdaş kadını... Büyük önder Atatürk, eğitim alanında nasıl yenileşmenin önderiyse, Hayal Köksal da kaliteli eğitimin önderliğini üstlenmiş bir eğitimci... O, çağdaşlığın kaliteli bir eğitimle mümkün olabileceğini çocuk yaşlarında keşfetmiş bir kâşif. Ancak onu bu derece bilinçli kılan sadece kendi yetenekleri değil. Onun gelişiminde en büyük rolü oynayan bir anne babanın varlığını, evlerinde oluşturdukları okulu da yadsımamak gerek. Zaten o kendini anlatırken de anne ve babasının kendi gelişimine olan büyük katkılarını yadsımıyor.

Evet, kaliteli bir yaşam kaliteli bir eğitimden geçiyor. Onun için ebeveynlerin sadece çocuklarını besleyip büyütme dürtülerine, çocuklarını topluma yararlı birer eleman olarak yetiştirme çabalarının da eşlik etmesi gerekiyor. Kaliteli eğitim bilincini topluma kazandırabilmek için kolları sıvayan ve bu uğurda yılmadan çaba harcayan Hayal Köksal'ı kutluyor ve çalışmalarında başarılar diliyorum.

İnci Süer
TRT Program Yapımcısı

Sevgili dostum Dr.Hayal Köksal'ı tanımak benim hayatımda en güzel fırsatlarımdan biridir. Son derece üretken, özel ve sevdiğim değerli bir insan. Çevresine ışık saçan, insanları koşulsuz seven, yaratıcı, zeki, açık fikirli, açık sözlü, gerçeği bulmaya ve keyfini çıkarmaya her şeyden çok önem veren, sadece gelişim değil, evrimleşim peşinde, cesur, aydınlıkçı ve sevgi dolu bir insan. Yaşamı boyunca eğitime yatırım yapmış ve kendini de bu alanda sürekli geliştirmeyi amaç edinmiş. Bu güne kadar yaptıkları ve yapıtları ile bireylerin bireysel ve yaşam kalitelerini artırmada farkındalık sağlamıştır.

Bu yapıtı ile de insanlığa büyük bir katkı sağlayacak özellikle de gençlere karşılaştıkları zorlukları aşmada önemli bir rehber olacaktır. Yeni bir kitap daha kazandırdığı için değerli dostum Dr. Hayal Köksal'ı yürekten kutlar gençlere yeni ufuklar açtığı için de sonsuz teşekkür ederim. Yolun hep açık ve aydınlık olsun.

Gülseren Karabulut
İnsana Dair Herşey Eğitim Kurumu, Bursa

Gerçek öğretmenler; sürekli öğrenme aşkıyla dünyaya meraklı gözlerle bakan, ilerleme yolunda sormaktan ve sorgulamaktan çekinmeyen, doğru örnek olma sorumluluğunu taşıyarak bilgisini, görgüsünü hatta hayallerini sürekli yeni nesillere aktararak bugünü ve geleceği aydınlatan yüce değerlerdir. Eğitim konusunda çok farklı çalışmalarla birçok başarının altında imzası olan gerçek öğretmen Dr. Hayal Köksal, "Kalite Gönüllüsü" isimli bu çalışması ile yine bizlere ışık olmakta. Bu kitap, yaşam boyu öğrenci olabilmek için öğretmen olan ben ve benim gibi birçok öğretmen arkadaşımın yanı sıra kaliteyi bir yaşam şekli olarak hayatına yerleştirmek isteyen her bireye ışık olacaktır.

Modern dünyamızın değişen değerleri ve gelişen teknoloji ile zamanın hızla aktığı çağımızda öz değerlerine sahip çıkan çağdaş nesillerin yetişmesine katkı sağlayacak böyle bir kitabı bizlere sunduğu için değerli eğitim uzmanı Dr. Hayal Köksal'ı yürekten kutlar, ayrıca emeği geçen herkese geleceğin büyükleri olacak olan sevgili öğrencilerim adına da teşekkür etmeyi bir borç bilirim.

Nilüfer Özbey
Sürekli Öğrenen, Yenilikçi bir Öğretmen ve Koç
Bir Köy Enstitülü (Nevzat Özbey) Kızı

Geçen asrın son yıllarından itibaren, Dr. Hayal Köksal'ın çalışmalarını yakından izleme olanağım oldu. Pek çok meslekî toplantıya beraber katıldık. Hayatını eğitime adamış aydın bir öğretmen olarak, eserleriyle yeni nesillere ışık tutmak için hep çaba gösterdi ve göstermekte.

"Eğitimde kalite"yi ön plana koyarak, öğrencinin "yenilikçi yaklaşımları" izlemesi gerekliliğini savunmakta olan Dr. Köksal; görüşlerini daima yeni eserler yayımlayarak ve toplantılar düzenleyerek paylaşmakta ve izleyenlerini aydınlatmaya çalışmaktadır. Bu son eser ile yılların birikimini sergilemektedir.

Umarız ilerde de çabaları ile "hocaların hocası" Dr. Köksal hepimizin arzuladığı "birlik ruhu"nun filizlenmesine katkı vermeye devam eder. Öğrenme uzun soluklu bir yolculuktur: her an yeniliği kucaklamak için hazır olmalıyız. Ailemize hoş geldiniz.

Yrd. Doç. Dr. Erol İnelmen
B.Ü. Emekli Öğretim Üyesi

Kalite felsefesiyle yoğurulmuş dünya vatandaşı yetiştirerek dünyayı iyileştirmek yolunda zorlu bir işi başarma yolculuğuna çıkmış olan Dr. Hayal Köksal'ın içtenlikle takdir ediyorum. Toplam Kalite İnsanı yetiştirmek için bir dolu yaratıcı ve yenilikçi fikirlere dolu bu harika kitabı yazdığı için de kendisini kutluyorum.

Günümüz dünyası Bilişim Teknolojisiyle (BT) gitikçe artan bir hızla ileri doğru gidiyor. Çocuklar teknolojiyi öğretmenlerinden çok daha iyi ve hızlı bir biçimde kullanıyorlar. Daha once böyle birşey hiç yaşanmadı. Çok değil 20 yıl once biz öğretmenler belli alandaki bilgiyi üretmek ve öğretmek için ve bazen de kendi tatminimiz için araştır, yeniden araştır, üret / yarat yöntemiyle çalışıyorduk. Şimdi herşey tümüyle farklı. Öğrenciler öğretmenlerinden çok daha hızlı öğrenebilirler ve inanıyorum ki bu da öğrencilerin yetkilendirilmesi vakti geldi anlamına geliyor. Bu KAİZEN'dir yani mükemmellik yolundaki sürekli gelişimdir, iyileştirmedir.. Öğrencilerimizi yetkilendirirken tek bir önleme gereksinim var. Gelecek kuşakların liderleri olan öğrencilerimizin "Doğru yöne Doğru" gidip gitmediklerini izlemek. Mutlu ve huzurlu bir Toplum yaratmak için son derece gerekli olan kültürel ve ahlaki değerleri unutarak mı yoksa özümseyerk mi gelişiyorlar?

Bizlerin gerçekten hem zeki, hem çalışkan hem de iyi insanlar yetiştirmeye gereksinimimiz var ki biz onları "TOPLAM KALİTE İNSANI" olarak adlandırıtoruz. Dr. Hayal Köksal bu kitabında yalnızca eğitimcilere ve ailelere Sürekli Kalite İyileştirme sürecini değil özenle İmece Halkaları (Öğrenci Kalite Halkaları) kavramını da anlatoyor. Kalite felsefesini ve Toplam Kalite İnsanı kavramlarını anlarsak ve böylesi öğrencileri nasıl yetiştireceğimizi öğrenirsek dünya gelecekte yaşanacak bir gezegen olur.

Biz kez daha bu aydınlatıcı eseri için Dr. Köksal'ı kutluyorum. Başarısının gelecekte bu konuyla ilgili daha fazla ve verimli açılımlara yol açması dileklerimle...

Prof. Dinesh P. Chapagain
Chairman, QUEST-Nepal
Director General – Nepal, WCTQEE
e-mail: dinesh.chapagain@yahoo.com
url: www.dineshchapagain.com.np

İÇİMDEKİ ÇOCUKTAN ÖNSÖZ

Ben bir öğrenciyim; Türkiye'min şu ya da bu şehrinde doğmuş... İçinde yaşadığım, havasını soluduğum dünyamı; yurdumu, ilimi, ilçemi, mahallemi, okulumu, oturduğum evi, anne ve babamı, kardeşlerimi, ailemin tüm üyelerini, öğretmenlerimi, komşularımı, arkadaşlarımı, doğayı, hayvanları; kısacası çevremde var olan canlı, cansız her şeyi, her nesneyi yürekten seviyorum. Bu koşullar içinde, özgürce, başı dik ve mutlu yaşamımı borçlu olduğum, tarihin sayfalarına altın harflerle destanlar yazmış Türk büyüklerini ve yüce lider Atatürk'ümü çok seviyorum. Büyük bir heyecan ve aşkla söylediğim And'ımın sözleri ruhuma her seferinde daha derinden yerleşen ve hatta kazınan anlamlar yüklüyor. Bunlar benim okul yaşamımın ilk yıllarında karşıma çıkan; ama beni bir ana sıcaklığıyla sarmalayan, kucaklayan ve hemen ilke olarak kabullendiğim sözler. Çok değerli başka özlü sözler de var, görevlerimi bana hatırlatan. Örneğin; Ata'mın bana "Sesleniş"i; her zaman uyanık ve dikkatli olmam için! Başka hiçbir dünya ülkesinde olmayan, bana hediye edilmiş bayramlarım var: 23 Nisan'da gururla kutladığım, 19 Mayıs'ta bedenim ve ruhumun beslendiği...

"Kırklı bir mozaik" diye adlandırılan yurdum insanının seçkin değerlerini, zengin kültürünü, Atam'ın "Ne mutlu Türküm diyene" sözüyle hangi güzel birliktelikleri belirtmek istediğini çok iyi anlayabiliyorum. Ailemin kendi iç değerleri doğrultusunda iyi, doğru ve güzel insan olmam yolunda bana öğütlediklerini, yurdumun iki ana karayı bağlamadaki sihirli ve son derece önemli konumunu ve bunun dünya barış düzeninde bize yüklediği önemli görevi de biliyorum. İşte bunlardan dolayı, kendimi çok özel ve özenle yetişmekte olan bir çiçek gibi hissediyorum. Evdeki ortamım sıcacık ve eğitici; aynen bir okul gibi ama kuralları ve işleyişi farklı. Aynı şekilde okulda da evimin sıcaklığını ve şefkatini bulmam çok önemli. Korkmadan söz alabileceğim, içimdeki yaratıcılığı kolayca dışa vurabileceğim... Beni özel kılan daha nice değerler var özümde. İçimde hissediyorum gücü, başarıyı, sevgiyi ve de umuyorum yaratmayı çevremde ve okulumda düzeyli ve nitelikli bir yaşamı...

Bu sözcüğü daha çok açmak, öğrenmek ve kendi ilkelerim doğrultusunda özümde şekillendirmek istiyorum. Bu bir başlangıç benim için. Duydum ki; son yıllarda uygulanmaya başlanan eğitim programları bireysel farklılıkları, öğrenme stillerini dikkate alan; kişinin önceki bilgilerinin kişide bıraktığı iz ve ürünlere dayalı olarak öğrenmenin yapılandırıldığı, genelde "proje-temelli ve sorun çözme odaklı öğrenme"yi hedef alan çalışmaların bir ürünü imiş. Üstelik bu programda ailenin katkısının da bireyin gelişimine çok katkısı varmış.

Bu konuda ufkumu açacak görüşlere gereksinimim var. Ayrıca yapmam gereken; düşünmek, irdelemek, kendimi tanımak ve çevreme, aileme, ulusuma ve içinde yaşadığım, havasını soluduğum dünyaya olacak katkılarımı belirleyebilmek kendimce. Daha sonra, birlikte çalıştığım ve yaşadığım kişilere bunları iletip onlarla paylaşabilmek amacım. Zaman zaman irdelemek, olanları değerlendirmek, başarısızlıklarımdan ders alıp başarmak istediklerimi tekrar listelemek ve uygulamaya koymak yeni baştan. Hepsinden önemlisi de; bunları yaşamımın sonuna kadar yapmakla yükümlü olduğumun bilincinde, bitimsiz bir yolculuğa doğduğum andan itibaren çıkmış olduğum gerçeğiyle yoğurmak çalışmalarımı...

Sen de varsın arkadaşım bu yolculukta; ülkemizdeki ve hatta dünyamızdaki tüm çocuklar var. İçindeki çocuğu büyütmemiş, öğrenme ve gelişme aşkını yitirmemiş büyüklerim var. Bu kitapla sizleri evinizde ya da okulunuzda kısa bir "sürekli gelişim" yolculuğuna çıkaracağım. Büyüklerin bir çocuğu çok küçük yaşlardan itibaren yönlendirmesinin; temel yaşam bilgi ve becerilerini vererek onu hayata hazırlamanın önemi çok büyük. Bu bizlere barış odaklı ve nitelikli bir dünya insanı olmanın gizlerini verecek.

Herkesin hür ve kardeşçe yaşadığı, eşit koşulların ayrımsız uygulandığı bir dünya yaratmak ülkün ise; onu "ben" yerine "biz" yaklaşımıyla, kardeşçe elele vererek kurabiliriz ancak. Tabii ki küçük yaşlardan başlamak koşuluyla! Engelleri, kısıtları yok sayarak, olanaklıysa yok ederek! Gelişim bayrağını, çağdaşlık yolculuğunda özgür beyinlerimizle açar, sonsuz sevgi, saygı ve hoşgörü ile "imece halkaları" kurarız barışa odaklı bu cennet topraklar üstünde. Bazen, "Nitelik" yerine "Kalite" dememi hoş gör; özüne inmeye çalış, boğuşmak yerine kelimelerle. Ancak güzel Türkçe'mi doğru ve yerinde kullanmaya da özen göster. Ve gel sen de elini ver bana, paylaş dünyayı, çocuk gözlerimle. Ya da her şeyi boşver ve "İçindeki çocuğu" gönder bu kitabı benimle birlikte okusun diye. Okusun ki; çekirdekten yetişmenin ne önemli olduğunu anlasın aynen o çok bilinen özlü sözümüzde olduğu gibi: "Ağaç yaşken eğilir."

Sizlerle bu sözün bende yarattığı duygu ve düşünceleri paylaşmak isterim:

AĞAÇ YAŞKEN EĞİLİR

'Ağaç yaşken eğilir', derken Atalarımız;
Seni eğip bükerek boynu eğik, ezik ya da
Herşeyi hemen kabulleniveren
Bir kul yapmak değildi amaçları elbette!
Denmek istenen ve vurgulanan;
İnsana yakışır yaşam becerilerini
Çocuğa kazandırmaktı bence,
Hem de gecikmeden!
Yoksa kim ister ki gençlerin;
Güdülmeye muhtaç birer koyuna,
Toplumun da sürüye dönüşmesini
Zaman içinde?
Beklenen odur ki bizden;
Gurur ve onurla dik durabilmek

Bunca kargaşanın yaşandığı dünyada...
Ve taşıyabilmek "insan onuru"nu sonraki kuşaklara.

H.K. İstanbul, 2011

BÖLÜM BİR

SÜREKLİ GELİŞİM YOLCULUĞU

Cumhuriyet, öğretmenlerden, düşüncesi özgür, vicdanı özgür, seziş ve anlayışı özgür kuşaklar yetiştirmesini ister.

M.K. ATATÜRK

Kalite İyileştirmenin Mantığı

Son zamanlarda gazetelerde, televizyon ve radyolarda ve de okul koridorlarında sıkça duyduğum bir sözcük: *Kalite!* 'Okulda kalite', 'Eğitimde kalite', 'Ailede kalite', 'Bireyde kalite' ve sonuçta 'Toplumda kalite'.

'Kalite' sözcüğünü kendimce anlayıp yorumlamaya çalıştığımda biraz zorlandım doğrusu. 'Kalite' ne olabilir? Ya da 'kaliteli' bir nesne, bir eylem, bir kişi veya kurum denildiğinde ne anlaşılır? Bu soruların üzerinde epey düşünüp kafa yordum ve sonunda şu karara vardım. Öncelikle 'kalite'; kişilerin yorumları, anlayışları, yetiştiriliş ve yönlendirilişleri, çevre ve yaşam koşulları, beklentileri ve daha birçok etkenden dolayı farklılık gösterir. O yüzden de herkesin 'kalite' ile ilgili farklı bir görüşü ve tanımı vardır. Olmalıdır da... Benim yaşam koşullarımda 'kalite' olarak algıladığım kavramlar, bir başka ilde başka bir arkadaşımın yaşadığı ortamda da 'kalite' veya 'kaliteli' olarak algılanabilir mi? Babamın tanımı acaba nasıl olurdu? Ya öğretmenimin? Türkiye'nin doğusunda ve batısında yaşayanların, köy veya şehirlerde oturanların, kızlarla erkeklerin 'kalite' kavramını anlayışları ve beklentileri farklı mıdır?

Bu kavramı öğretmenime sormaya karar verdim. Aldığım yanıt çok farklı ve ilginç gelmişti bana (Peters ve Austin, 1985:101):

'Kalite; aşktır, tutkudur, heyecandır, gururdur...'

Öğretmenim, bakışlarımdaki şaşkınlıktan, tanımı çok iyi kavrayamadığımı hemen anlamıştı. Şöyle devam etti:

- Hani, okuduğun bir kitap ya da öğrendiğin bir konu seni çok etkilediğinde daha çok öğrenmek için içinde bir tutku duyarsın ya... Öğrendiğin her yeni kavram ve bilgi seni daha ileri gitmeye, sürekli öğrenmeye, araştırmaya iter ya... Ve sonunda öğrendiklerinden müthiş bir heyecan duyar ve o konuyu özümseyip kendine bir takım sonuçlar çıkarır ve hatta o konuyla ilgili bir kompozisyon, bir şiir ve belki de bir öykü yazmayı bile düşünürsün ya... Ve sonuçta onu anlayıp benimsersin de kendinden bir parça hâline gelen o konu ile ilgili yazdıkların veya yarattıkların, çok beğeni toplar ve kendinle gurur duymaya başlarsın ya... İşte yavrum, bu tanım bana sonuçta "üretkenliği ve kendini geliştirmeyi" çağrıştırdığı için ve de içinde her insanın mutlaka sahip olması gereken "sevgi, aşk" gibi son derece yüce bir duyguyu barındırdığı için en iyi ve en hoş kalite tanımı olarak gelir ve 'kalite'yi bana soran herkese bunu söylerim.

Doğrusu öğretmenimin tanımı benim de çok hoşuma gitmişti. Kısa ve özlü bir tanımlama ve aklıma yatan açıklayıcı cümleler... Bu kelimenin anlamını, artık ömür boyu unutmayacağımdan emindim!

'Öğrendiklerimizi kendi yaşamımızdan kesitlerle ve deneyimlerle birleştirmenin daha kalıcı öğrenme yaratacağını' sürekli olarak bize anımsatan öğretmenimizin güzel yüzü, o an gözlerimin önünde belirdi ve hemen aklıma geçen hafta yaşadığım bir olay geldi. Coğrafya dersimizde yurdumun haritasını sınıfta en hızlı, en doğru ve en güzel şekilde çizen öğrenci ben olmuştum. Öğretmenim ve arkadaşlarımca alkışlanıp kutlanmıştım. Üstelik üzerinde yaşadığım vatanın her bir koy ve yarımadasını aynen annemin bin bir emek ve göz nuru dökerek işlediği danteli gibi düzgün çizdiğim için ödüllendirilmiştim bir coğrafya atlası ile. Bu benim için "verimli ve kaliteli" bir çalışmanın ürünü idi aslında.

Dedemin her zaman söylediği bir söz geldi aklıma: "İnsanlar önce, kendi vatanını ve ulusunu tanımalı, değerlerinin farkına varmalı. Sonra sıra, diğer ülkeleri tanımaya gelmeli. Aradaki kültürel, fiziksel ve sosyal farklılıkları sezebilenler, ne kadar şanslı bir millet olduğumuzu anlayacaktır. Kendi öz değerlerimiz, gelenek ve göreneklerimiz nelerdir? Farklı koşullarda yaşayan vatandaşlarımız ne yapar nerelerde oturup, nasıl yaşarlar? Coğrâfî özellikler, onların yaşamlarına ve üretimlerine neler katar? Bunları öğrenmeden yani 'kendini bilmeden' diğer ülkeleri, dış değerleri tanımaya çalışmak seni özünden uzaklaştırır. Bunu sakın yapma!" Bu sözleri kulağına küpe yapmış biri olarak ben de, Türkiye'min haritasını ezbere ve doğru olarak, en hızlı şekilde çizeceğime dair kendi kendime söz vermiştim. Bu kararlılığım ve sürekli çizme denemeleri bana başarının yollarını açmıştı.

Aynı soruyu bu kez de evde babama sormaya karar verdim. Günlerdir şirketlerindeki 'kalite' çalışmalarından söz edip duruyordu. Verdiği yanıt ise bana bir an için geçen yaz yaptığımız o muhteşem Akdeniz gezimizi anımsattı (Bonstingl, 2001:62):

"Kalite, sonsuz bir yolculuktur!"

O yolculuğumuzun sonu hiç gelmesin istemiştim. Hem coğrafya bilgime görerek ve yaşayarak yeni bilgiler katmış, hem de çok eğlenmiştim. "Nasıl yani?" dedim. "Bizim yazın çıktığımız yolculuk gibi mi?". Gülerek "Evet", dedi babam. "Aynen onun gibi; ama hiç bitmeyen ve eğlenceli bir şekilde." Benim şaşkınlıkla baktığımı görünce de daha fazla merakta bırakmadan devam etti:

-"Kalite sonsuz bir yolculuktur" diyen kişi, aslında yaşanan sürecin, uğraşılan iş veya ürünün sürekli olarak geliştirilmesi ve bunun sonsuza kadar devam ettirilmesi gerekliliğini vurgulamak istemiş. 'Süreç'; bildiğin gibi belli bir ürünün, diyelim ki elindeki kalemin, ormandaki ağaç halinden kırtasiyede satılan kalem hâlini alana kadar geçirdiği işlemler bütünüdür. Bunu önce işimden bir örnekle açıklamaya çalışayım. Sonra, beraberce bir başka örnek de senin okulundan buluruz. Biz bildiğin gibi araba üretiyoruz. Diyelim ki; yeni bir modele geçeceğiz. Hedefimiz, alıcıların o modeli tutması yani, çok alıcı bulabilmemiz. Bunun için de bir ön araştırmaya gereksinimimiz var. Müşterilerin beklentisi nedir? Hangi özelliklere sahip bir model hedeflediğimiz kişiler için en uygunu? Bu özelliklere sahip bir arabanın yapılabilmesi için teknik personel ne tür bir çalışmaya odaklanmalı? Hangi malzeme, hangi teknik donanım gerekecek? Bize kaça mal olacak? Tüm bu özelliklere odaklanarak iyi bir ekip çalışması yapılması gerekiyor (Kavrakoğlu, 1996:47). Daha sonra da, çok satılabilecek bir ürün olabilmesi için daha en baştan çok iyi bir şekilde planlanması, tasarlanması, çizilmesi, müşterilerimizin şart, kullanım ve gereksinimlerine uygun olarak geliştirilmesi gerekiyor. İlk ürünün, yani bu örnekteki "yeni model araba"nın bir uzman grubunca denenmesi ve sorun olan kısımların düzeltilip iyileştirildikten sonra üretimin daha büyük ölçüde yapılıp piyasaya sürülmesi gerekiyor. Bütün bu süreçleri biliyorsun sanırım. Belki bilmediğin şey şu: Ürünün, müşteri gruplarından gelecek öneri, şikâyet veya övgülere bağlı olarak sürekli takip edilmesi ve zamanla daha gelişmiş bir modele dönüştürülerek iyileştirilmesi. Bu, yıllardır kalite çalışmaları ile sivrilmiş ve kendini modern teknoloji alanında kanıtlamış Japonların 'Kai Zen' [sürekli İyileş(tir)me] yani 'minik minik adımlarla mükemmeli arama' felsefesine uyuyor. Bu yöntemle herkesin bizim markamızı tercih etmesini sağlamış oluyoruz. Ürünümüzü sürekli iyileştirme ile güncellemiş, müşterilerimizi de memnun etmiş oluyoruz. Çünkü kalitede amaç, müşterilerimizi yani hedef aldığımız kitleyi memnun ve tatmin etmek. "Sonsuz" olarak yorumladığımız "kalite yolculuğu"nu, aslında bir spiral olarak düşünebilirsin: Bir ürünü veya hizmeti tasarlıyorsun, üretiyorsun, küçük bir gruba uygulayıp deniyorsun, uygulama esnasında ve sonrasında çıkan aksaklıkları gideriyorsun ve piyasaya sürüyorsun. Bir kez pazara sürdükten sonra, peşini bırakmaman gerekiyor. Sürekli olarak kullanıcılardan pazar araştırması, anket gibi araçlarla ürün hakkında bilgi alıyorsun ve aksayan yönleri sürekli olarak düzeltiyorsun. Bu bir spiral gibi kıvrıla kıvrıla gidiyor; yani hiç bitmiyor: "Sonsuz bir yolculuk"! Eğlencesi nerede dersen, o da her edinilen başarı sonunda duyulan haz, maliyette düşüş, öğrenmenin getirdiği mutluluk ve minik de olsa her başarı sonunda yapılan kutlamalarda saklı. Aslında buna "Süreç Yönetimi" deniyor. Haydi! Şimdi bir de sen örnek ver bakalım...

Babamın anlattıklarından çok etkilenmiş ve okuldaki proje çalışmalarımızda buna benzer şeyleri öğreniyor olmaktan da gurur duymuştum. Aklıma "Yazılı Anlatım" dersinde öğretmenimin uyguladığı yöntem gelmişti. Bu tanımla çakıştığını düşündüm ve babamla bunu paylaşmak istedim:

-"Yazılı anlatım" dersinde öğretmenimiz yeni bir yöntem uyguluyor babacığım. Yazacağımız konuyu belirledikten sonra konu hakkında gerekli bilgiyi önce toparlıyor, hep beraber tartışıp yeni fikirler üretiyor ve bir plana bağlı kalarak yazıyoruz. Sonra yazdığımız kompozisyonu yanımızda oturan arkadaşımızla değiştiriyoruz. O benim, ben de onun yapmış olduğu hataların altını başka bir renk kalem kullanarak çiziyoruz ve yanlışlarımızı düzelterek kompozisyonlarımızı yeniden yazıyoruz. Bu bir hikâye, mektup veya şiir de olabiliyor. Ertesi gün öğretmenimiz yazımızı tekrar gözden geçirmemizi, varsa gerekli düzeltmeleri yaparak ona temiz bir hâlde teslim etmemizi istiyor. Bu kez de onun uzman gözleri kâğıtlarımızı inceledikten sonra hataların altı çizilmiş olarak yeniden bize geri geliyor. Bu, işte benim o konuda yazacağım iyileştirilmiş metnin son adımı. Öğretmenimin düzeltmelerinden sonra ortaya çıkan yazı böylesi sürekli bir çabanın ürünü oluyor. Öğretmenimizin bu yazma yöntemine verdiği isim de senin söz ettiğin kavramı içeriyor: 'Süreç İyileştirme Yöntemiyle Kompozisyon/Yazı' .

Babam; "Eveet, sen kalite denilen bu sonsuz yolculuğun ne anlama geldiğini ve de süreç yönetiminin ne olduğunu kavramış görünüyorsun. Aslında süreçlerin iyileştirilmesi sonucun da iyi olacağı anlamına geliyor. Şöyle diyelim: Not almak için mi çalışmalı, yoksa öğrenmek için mi?" diye sordu.

- Tabii ki öğrenmek için babacığım. Bir konuyu gerçekten öğrenirsem sınavında da başarılı olurum, yaşamıma da uyarlayabilirim. Öyle değil mi?

- Aferin benim yavruma. Not derdine düşüp ezbere yönelirsen, anlık başarıların sahibi olursun, kalıcı zaferler yerine. Onun için yaparak, yaşayarak öğrenmeli, öz değerlendirme yapmalı ve ekip ruhunu yaratıp verimli olmaya çalışmalısın. Hiçbirimiz yalnız yaşayamayız. Evde, okulda, işte, toplum içinde çeşitli yapı ve görünüşte insanlarla birlikte oluruz. Uyumlu, başarılı ve huzurlu bir yaşam sürmek için farklı düşünüş, yetenek, bilgi ve görgüdeki insanları anlamaya çalışmalı ama kendi öz değerlerimizden, laik ve çağdaş yapımızdan asla ödün vermeden, kendi haklarımızın bilincinde olmalıyız. Tarihi çok iyi bilmeli, geleceği geçmişten aldığımız dersler doğrultusunda kurmalıyız. Mutlaka Atatürk'ün "Söylev"ini okumalıyız. O müthiş ve yol gösterici bizler için."

- Aaaa, Öğretmenim de aynı sözleri söyledi. Kitaplığa baktım ama yerinde yoktu.

- Evet canım. Dün akşam bir konuyu merak edip almıştım. Bizim yatağın başucunda. Alabilirsin. Seninle gurur duyuyorum.

Bu sözler gerçekten gururlanmama neden oldu. Buradan kendime bir ders çıkarmıştım:

Çalıştığım, ürettiğim, yaşadığım ortam ve koşullarımın kaliteli olmasını istiyorsam sürekli geliştirme/iyileştirme sürecine yaşamım boyunca sahip çıkmalıyım. Çevremdeki kişilerin de bu yaklaşımı benimsemesine liderlik etmeliyim! Geçmişimi çok iyi bilmeli, geleceğimi bu dersler üstüne, bilinçle kurmalıyım.

Ben bu işi çok sevdim. Bundan sonra döngü, halka, çember gördüm mü; aklıma "sürekli gelişim" ve "kalite felsefesi" gelecek:

Planlayalım yaşamı,
Uygulayalım sonra onu.
Kontroller karmaşık işleri düzene kor,
Önüne açar parlak bir yol.

Sen de ilk harfleri yukarıdan aşağıya okunduğunda PUKÖ olan bir dörtlük yazsana…

Belki de ismini yerleştirmek istersin başa. Anneannem şiirde satırbaşlarının aşağıya doğru okunduğunda bir anlam ifade etmesine "Akrostiş" dendiğini söyledi. Bana bir de bilmece sordu ve çocukken en sevdikleri bilmecelerden biri olduğunu da ekledi. Sen yanıtını bulabilir misin?

Seviyorum ama kimi?
En tatlı birisini
Nasıl söylesem sana:
İlk harflere baksana...
(Yanıt: SENİ)

BÖLÜM İKİ

DAĞARCIĞIMDAKİ YENİ KAVRAMLAR

Dünyada hiçbir ulusun kadını, "Ben Anadolu kadınından daha çok çalıştım, ulusumu kurtuluş ve zafere götürmekte Anadolu kadını kadar görev yaptım." diyemez.

M.K. ATATÜRK

Kavramlar ve İlkeler

'Kalite', 'Kalite Felsefesi', 'Sürekli Gelişim', 'Sürekli İyileştirme', "Yaşam Boyu Gelişim", 'Sistem', 'Süreç', 'Liderlik'... Bunlar, benim son zamanlarda öğrendiğim ve son derece ilgimi çeken kavramlar. Tıpkı, kalitenin özünde yatan değerler gibi, insanın öğrendikçe daha çok şey öğrenmeye çalışmasına yol açan "sonsuz bir yolculuk" gibi... Dün üniversitede okuyan ablam büyük bir heyecanla eve geldi ve *"Eğitimde Sürekli Kalite İyileştirme"* konulu bir seminere katıldığını ve çok etkilendiğini söyledi. "Bu seminer her neyse, içinde 'kalite' sözcüğü geçiyor diye heyecanlandırmış olmalı onu!" diye düşündüm öğretmenimi anımsayarak. Onun heyecanı bana da geçmişti. "Bana da biraz anlatsana, n'olur..." diye sıkıştırdım ablamı.

- "Peki, dinle bak." diyerek başladı anlatmaya: "Sürekli Kalite İyileştirme" anlayışı aslında yaşamın tüm yönlerini ve her yaş grubunu kapsayan bir yaşam felsefesi ve yaşam şekli. Aynı zamanda gelişimi sağlayacak bir teknik, bir yöntem ve bir yönetim modeli. Tam ve doğru olarak uygulandığı bir kurumda her türlü gelişimi ve tüm paydaşların memnuniyetini (hoşnutluğunu) ve de doyumunu sağlıyor. Aslında bizim değerlerimizin, gelenek ve göreneklerimizin özünde kalite kavramı var. Bence insan olmak bile kaliteyi özünde taşımak anlamına geliyor ama kanımca "sürekli kalite iyileştirme felsefesi" güzel örneklerini gördüğümüz uygulamaları bu dağınık haldeki "değerler topluluğu"nu güzel ve anlamlı bir biçimde, bir çerçeve içine alıyor. Diğer bir anlatımla, bizim dağınık bir biçimde, tek tek yaptığımız çalışmaları bir düzene koyup daha kolay anlamamızı ve uygulamamızı sağlıyor. Kültürümüzün özünü oluşturan yardımlaşma kavramımız "imece"yi "ekip çalışması" veya "herkesin katılımıyla oluşan sinerji" anlayışıyla bir sisteme bağlıyor. "Beşikten mezara kadar çalışma" inancımızı; "yaşam boyu öğrenme" olarak ifade ediyor. Başarı konusunda en büyük eksiğimiz olan "öz değerlendirme", "eleştirel düşünme", "yaratıcılık" ve "ölçme değerlendirmenin sürekliliği" ile sisteme sürekli iyileştirme olanağını kazandırmış oluyor ki; sanırım bizde eksik olan özellikler asıl bunlardı. Bazı uzmanlar seminer sonrasında; "Bunları biz zaten biliyoruz." diyerek tepkilerini dile getirdiler. Ama sürekli gelişime odaklı bir canlı olan insan için, aslında her zaman yapılması gerekenleri içeren bir anlayış; 'sürekli kalite iyileştirme' anlayışı.

Yeni olan;

» Kalite felsefesinin önce tüm paydaşlar tarafından kavranması, özümsenmesi gerekliliği,

» İyice özümsenen bu felsefenin ışığında kuruma özgü yeni bir model geliştirilmesi,

» Belli bir sisteme odaklanarak geliştirilen bu modelde oluşturulan süreçlerin, sürekli ölçümlerle kontrol edilmesi ve gerekli iyileştirmelerin yapılması,

» Son adım olarak da bu iyileştirmenin sonsuza kadar sürmesinin sağlanması gerekliliğinin herkesçe anlaşılıp uygulanması.

- Anlayamadım, sonsuza kadar sürdürmek ne demek? Yani benim yaptıklarım, benim başlattıklarım, benden sonra da sürecek; ama belki ben tümünü göremeyeceğim, öyle mi?

- Bir bakıma öyle! Sen sistemi ve seninle ilgili bölümü geliştirmek için çalışacaksın ve her yeni gelişme sende kolaylık, rahatlık dolayısıyla mutluluk ve huzur yaratacak. Yarattıklarının, ya da diğer bir deyişle, en iyiyi yakalamak için başlattığın o "sonsuz yolculuk"un senden sonra da devam edeceğini ve gelişeceğini bilmek, seni mutlu etmez mi? Düşünsene... Senin çocukların, torunların ve onların çocukları ve torunları da senin başlatmış olduğun "mükemmellik yolu"ndan gidecek ve hatta onu daha da iyileştirecekler.

- Büyük liderimiz Atatürk'ün Türkiye Cumhuriyeti'ni kurarken yaptığı gibi mi?

- Evet, benim akıllı kardeşim! Aynen onun gibi. 1923 yılında; son derece özen ve dikkatle planlanmış ve temelleri güzel bir sisteme oturtulmuş Türkiye Cumhuriyeti'nin bizler gibi bilinçli, duyarlı ve gelişime odaklı gençlere emanet edilmesinden dolayı eserinin sonsuza dek süreceği rahatlığını hisseden, bizlere güvenen, yüce Atamız gibi! Biliyor musun, aslında her genç Atatürk'ün *Söylev*'ini (*Nutuk*) okumalı ve kendince bunları gerçekleştirip gerçekleştirmediğini sorgulamalı.

- Bak, sen de aynı şeyi söylüyorsun. İlginç! Geçen gün okulda öğretmenim, evde de babam aynı şeyi söyledi.

- Çünkü canım kardeşim; onu okurken, sana biraz sonra anlatacağım kalite felsefesi ve ilkelerinin, *Söylev*'e nasıl sinmiş olduğunu ve neden Atatürk'ün gelişime açık, çağdaş, akılcı ve karizmatik liderliğin ender örneklerinden biri olduğunu anlayacaksın.

- Peki ablacığım. Sana hemen aklıma geliveren ve bence çok önemli bir soru soracağım: Bu kalite yolculuğuna yalnızca 'kurum' dediğin okul, hastane, şirket, fabrika, otel gibi büyük kuruluşlar mı çıkar? Biz kendi başımıza, birey olarak çıkamaz mıyız?

- Canım benim. Tabii ki çıkabilirsin. Zaten gelişimin odak noktası ya da en küçük temel ögesi "birey"dir. Kurumların bel kemiği olan kadrolar, bireylerden oluşur. Kurumun gelişimini ve kalitesini belirleyen de, içinde çalışan kişilerin kaliteleridir. Dolayısıyla, herkes kendi üstüne düşeni yaparsa, zaten içinde yaşanılan aile, okul, köy ve genelde toplum da doğal olarak kalite düzeyini arttırmış olur. Demek ki; bu yolculuğa çıkmaya sen de benim gibi kararlısın. O zaman seninle beraber, 'Bireysel Gelişim ve Kalite' ilkelerini çalışıp, öğrenmemiz gerekecek. Ayrıca "öz değerlendirme" yapmayı da...

- Yaşasın, hem de büyük bir sevinçle! Madem ki, benim amacım da daima ileri gitmek, bunu gerçekleştirmek için neyi, nasıl yapmam gerekiyorsa öyle yaparım.

Bunları ablama söylerken bile içim içime sığmaz olmuştu. Aslında hayatta en sevdiğim şey olan yolculuğa bu kez 'kalite' adına çıkacaktım. Acaba ne zaman?

Ablam arayı çok açmadı. "Kalite Semineri"nden öğrendiklerini, yeni almış olduğu kaliteyle ilgili kitaplardaki ve internetteki kalite ile ilgili sitelerden edindiği bilgiyle birleştirerek yeni bir çalışma yaptı ve sonunda bir gün; "Kalite ilke ve kurallarını farklı uzmanlar, farklı biçimlerde yorumlamışlar; ama temel ilkeleri, dört ana maddede toparlamak mümkün." dedi balkonda beraberce otururken.

- Bunları bana da anlatır mısın?

- Peki, ama anlayabilmen için örnek bulmakta zorlanabilirim. Bana yardımcı olur musun?

Sevinerek kabul ettim. Günlerdir merak ettiğim konunun devamıydı duyacaklarım. Ablam saatlerce hiç bıkıp usanmadan anlattı. Aklımda kalanları sizlerle paylaşmak isterim:

"Sürekli Kalite İyileştirme çalışmaları; kurumun içinde çalışan ve dışında da kurumla ilgili olan kişilere, diğer bir deyişle paydaşlara, onların memnuniyetine odaklı bir anlayış. Uygulandığı ortam veya kurumda memnuniyeti hedeflenen kişilerin istek ve gereksinimlerinin saptanıp, doyuma ulaştırılması ise ana hedef. Üstelik bunu da hep birlikte ve etkin katılımla yapmak gerekiyor. Yani kurumda iyileşme sağlanacaksa işe bireylerden başlamalı ve herkes de deyim yerindeyse "elini taşın altına koyabilmeli". "Ben seni destekliyorum, sen yap, ben arkandayım." anlayışı kalite anlayışıyla bağdaşmıyor.

Diğer önemli bir nokta ise; bu memnuniyeti sağlamak durumunda olan kişilerin yani; kurum çalışanlarının da, yaptıkları işten mutlu olmaları ve onların da gereksinimlerinin sağlanmasının aynı şekilde önemli olması. Yöneticilerin duyarlı olması son derece önemli yani. Diyelim ki; siz bir hemşiresiniz ve bir hastanede çalışıyorsunuz. Amacınız; hastalarınıza en iyi şekilde bakmak, doktorlar, hastane yönetimi ve diğer hemşirelerle uyum içinde çalışmak, meslekte uzmanlaşmaya zaman ayırmanın yanı sıra yaptığınız işten ve çalışma koşullarınızdan da memnun olmak. Bunları gerçekleştirmekle yalnız kendi memnuniyetinizi sağlamakla kalmayacak yaşamlarına dokunduğunuz herkes için de bir anlamda 'memnuniyet' sağlamış olacaksınız.

Diğer bir örneği de okullardan verelim. Düşünelim ki; bir okulda öğretmenlik yapmaktasınız. Amacınız hem öğrenci, hem veli ve hem de idareci paydaşlarınızı mutlu etmek; yani onların istek ve gereksinimlerine uygun davranmak. Okulda sizi ilgilendiren tüm işlerin yolunda gitmesi için okul yönetimi, diğer öğretmenler ve hatta İl(çe) Millî

Eğitim Müdürlüğü ile uyumlu çalışmanız, bunu yaparken sizin de mutlu edildiğinizi ve tüm gereksinimlerinizin karşılandığını duyumsamanız gerekiyor. Yani sizin de bir paydaş olarak mutlu edilmeniz, gereksinimlerinizin okul idaresince karşılanıyor olması lâzım.

Haydi, bir örnek de evimizden verelim: Diyelim ki; siz bir annesiniz! Evdeki tüm bireylerin ve de kendi istek ve gereksinimlerinizin en iyi şekilde karşılanması için eşiniz ve çocuklarınızla uyum içinde işleyen bir aile sistemi kurmanız, çocuklarınıza iyi bir rol model olmanız ve bunu sürekli olarak gerçekleştirmeniz çok önemli. Evin, temel eğitimin verildiği bir okul gibi işlemesi yani herkesin eğitimine katkı vermesi de yadsınmaması gereken noktalardan biri. Kolaylıkla anlaşılabileceği gibi, tüm bu kurum ve bireylerin aynı amaç doğrultusunda hareket ediyor olması ise diğer önemli bir nokta. Yoksa herkes ayrı bir yöne çekerse, bir adım bile ilerleme olamayacağı çok açık."

Yalnız bu arada dikkat etmem gereken önemli bir konuyu anımsattı ablam. Yapılan çalışmaların "veriye dayalı" olması gerekiyormuş. "Bu ne demek?" dediğimde aldığım yanıt açıktı: "Kalite çalışmasına başlamadan önceki durumu her yönüyle ölçerek sayısal değerler olarak ifade etmek gerekiyor. Kalite iyileştirme çalışmalarının ne oranda geliştiğini anlamak için de düzenli olarak ölçümleri devam ettirmek gerekiyor. Kıyaslamalar bize gelişme oranını ya da diğer bir anlatımla iyileşme oranını/düzeyini gösteriyor." Bana çok akılcı göründü. Grafikler ve tablolarla da görselleştirmek gerekirmiş veriyi. Derslerde görsel sunular önemli demişti öğretmenim. "Görsel okuryazarlık"tan söz etmişti. Birtakım işaretlerin bize anlattıklarını anlayabilmeyi içerirmiş, 'görsel okur-yazar' olmak. Örneğin elbiselerimizin içinde yıkama, kurutma ve üyüleme ile ilgili işaretler, trafik levhaları, bilgisayardaki belirtkeler hep bu yazarlığın ilgilendiği konularmış.

Kalite felsefesinde önemli ilkelerden bir diğeri ise "sürekli gelişim" felsefesine bağlı olmak. İyileşmenin minik adımlarla, bıkmadan usanmadan yapılıyor olmasını gözden kaçırmayın lütfen. Japonlar buna "Kai Zen" diyorlarmış. Babamın anlatmış olduğu gibi "Kişinin veya bir kurumun çok büyük bir değişim hareketini başlatması olanaksızdır." demişti ablam. Önce herkes tarafından 'değişime' gereksinim duyulduğunun fark edilmesi, bu konuda gerekli eğitimin alınıp, derinlemesine incelemelerin yapılması, herkesin fikrinin alınıp, doğru yolda harekete geçilmesi çok önemliymiş. Yoksa tepkiler ve engellemeler bu değişimin gerçekleştirilmesine olanak vermezmiş. "Farkındalık yaratmak"! Sevdim bu deyimi. Bundan sonra sıkça kullanmalıyım ama farkında olmayı da ilke edinmeliyim. "Neyin farkında olmayı?" diye sorarsanız; yanıtım: "Her şeyin." (Köksal, 2003).

Bir başka önemli ilke, "sistem"i iyi kurup içindeki tüm "süreçler"e doğru olarak odaklanmakmış. Doğrusu bunu anlamakta zorlandım; ama ablam, bana vücudumuzda belli bir sistemin olup olmadığını sorduğunda, sistem sözüyle neyi anlatmak istediğini kavrayabildim. Süreçler ise; o sistemin yaşamasını sağlayan farklı birimlerin işleyişi idi.

Yani diğer bir deyişle, vücut sistemimizin sağlıklı olarak yaşamını sürdürebilmesi için "dolaşım", "sindirim", "sinir", "üreme" ve "boşaltım" sistemlerinin yürüttüğü süreçlerin tam ve düzgün olarak çalışması gerekiyordu. Demek ki, sürekli mide sorunu yaşayan babaannemin geçen yıl geçirdiği safra kesesi ameliyatı aslında onun sindirim sistemini iyileştirmeye yönelik bir operasyondu. Sindirme sürecini sağlayan organlardan birinin bozukluğunu gidermek için keseyi dolduran taşlar çıkarılmış ve sürecin yeniden düzgün işlemesi sağlanabilmişti.

Son temel ilke ise "liderlik" idi. Bir kurumda yozlaşmakta olan değerleri iyileştirebilmenin ve değişime karar verebilmenin ilk kuralı, bu konuya inanan ve bu yolda çalışmaları ve yönlendirmeleriyle çevresindekilere önderlik edecek olan bir lidere duyulan gereksinimdir. Osmanlı İmparatorluğu'nun son zamanlarındaki bozulmuşluğunun, milletin yokluk içinde kıvranmasının ve yurdun düşmanlar tarafından paylaşılmışlığının karabasanını fark edip, Türk milletini köklü bir değişime sokan Atatürk, işte bu kavramın en güzel örneği bana göre. Devrimleri ve örnek kişiliğiyle gerçekten çağımızın "örnek lider" portresini en güzel çizen kişidir O. Özetlememiz gerekirse Kalite ilkelerini aşağıdaki gibi sıralamak mümkün (Bonstingl, 2001):

1. Paydaşların memnuniyetine odaklanma,
2. Veriye dayalı 'Sürekli' gelişime ve öğrenmeye kendini adama,
3. Sistemi düzgün kurup, süreçleri iyileştirme,
4. Değişime ve gelişime yönelik bir "liderlik" anlayışı geliştirme.

Ablam son ilkeyi farklı yorumlamak istediğini söyleyerek eklemişti: "Tüm bunları yapabilmek için de 'aşk' (Bonstingl, 2005) gerekiyor sevgili kardeşim aşk!

Yaptığın işi, insanları, yaşamayı, çalışmayı kısaca her şeyi sevmelisin bir 'Kalite insanı' (City Montessori School, 2005, www.cmseducation.org) olmak istersen. Bu konuda dünya milletleri büyük çabalar harcıyormuş. Guinness rekorlar kitabına göre Hindistan'ın Lucknow şehrindeki dünyanın en büyük ve UNESCO Barış eğitimi ödüllü bir okulunda (Bkz.www.cmseducation.org) "TQP: Toplam kalite İnsanı" yetiştirme çalışmaları 1991 yılında başlamış. Türkiye'nin de içinde bulunduğu 25 dünya ülkesinin eğitimde kalite uzmanları bu konuda yapılan çalışmaları her yıl uluslararası paylaşıma açıyormuş. Burada hemen aklıma geliveren söz: Güneş doğudan doğar!

Neyse şimdi yeniden ablamın anlattıklarına döneyim. Beni en çok son söyledikleri etkilemişti. Çünkü benzer şeyleri sevgili öğretmenim de söylemişti. Birden aklıma mandolin dersim geldi. Keyifle hazırlanmaya başladım. Neden derseniz; beni en çok rahatlatan şeylerin başında müzik geliyor da ondan. Annem hep der ki; bütün ve mükemmel insan olmak için okuyarak ve dersini çalışıp kafanı; spor yapıp vücudunu; müzik, resim veya edebiyatla ilgilenerek de ruhunu geliştirmelisin. Ne kadar haklı! Öğrenecek ne çok şey var! Öğrenmek benim için oyun aslında. Hem zevkli, hem de heyecanlı...

Uygulamaya Bir an Önce Geçmem Gerek!

Öğrendiklerim çok hoşuma gitmişti ve bir melodi uydurup, bu dört ilkeyi de tekrar etmeye başladım. Amacım kalite ilkelerini zihnime iyice yerleştirmekti ama ezberlemeden. Ezberleyen kişinin o konuyu belli bir zaman içinde unuttuğunu biliyoruz. Yaparak, yaşayarak, özümseyerek ve birtakım örneklerle kendine mal ederek öğrenmenin kalıcı olduğunu söylüyor öğretmenim. Ben de bu konuya özen gösteriyorum. Her yeni konuyu irdeleyerek öğrenmeye çalışıyorum. Bazen farklı öğrenme yöntemleri geliştirmem gerekiyor. Nasıl mı? Bazen kendimce şifreler oluşturuyorum; bazen tablolar hazırlayarak konuyu görsel hale getirip öğrenmeye çalışıyorum. Bazen de drama ile çalışmam gerekiyor. İngilizce dersinde öğrenmem gereken kelimeleri ezberlemem gerekiyor ama hangi anlamlarda, cümlenin içinde, hangi formda kullanıldığını da mantık yürüterek ve öğrenerek tabii ki.

Bir gün ders çalışırken kendimce bir oyun geliştirmiş, konuyu zevkli bir şekilde öğrendiğim için kalıcı hale gelen bilgileri kolaylıkla anımsayarak sınavında da başarılı olmuştum. Öğretmenim her zaman sınavlar konusunda şunu söyler:

- Sınavlar asla sizi korkutmaya, yanıltmaya veya bunaltmaya yönelik çalışmalar değildir. Onlar kendi kendinizi değerlendirmenin, öğrenmenizi ölçmenin ve hatta öğretmeninizin yöntem ve uygulamalarının ne denli verimli olduğunu anlamanın bir yoludur. Aslında dersi gerektiği şekilde öğrenirseniz sonuçta sınavını da kolaylıkla yapar ve sizi sevindirecek bir not alırsınız. O yüzden; "Sonuca değil, sürece odaklanın!". Sınav korkusu taşırsanız veriminizi de düşürürsünüz. Çalışmalarınız bir sistem üzerine oturmalı. Her dersi aynı yöntemle çalışmanız olanaksızdır. Matematiği çalışma yönteminiz ile Sosyal Bilgiler dersini veya Yabancı Dili çalışma yönteminiz aynı olabilir mi? Tabii ki hayır. Hepsi için ayrı bir yöntem geliştirmeniz gerekiyor. Aslında herkesin öğrenme tarzı da farklıdır. Kimisi dinleyerek, kimisi gözlemleyerek, kimisi de yazarak öğrenir. Bazı insanlar bunların karışık gruplarında da yer alabilir. O yüzden nasıl öğrendiğinize dikkat edin.

Bu sözler beni çok etkilemişti. Annemle babam çoğu konuda olduğu gibi bu konuda da öğretmenime katılıyorlar. Örneğin ben; çalışmalarımda başarılı olmak için hem yazılanları, resim ve grafikleri görmeli hem de özet çıkararak çalışmalıyım. Dersi sadece sözel bir şekilde anlatan öğretmenlerimin dersinde hep sıkıntı yaşamışımdır. Bana bir telefon numarasını söylerseniz hiç aklımda kalmaz; o numarayı görmem gerek. Sonra ben bazen müzik dinleyerek çalışmayı da severim. Müzik dinlerken yeni bilgiler zihnime daha kolay yerleşir. Ancak biliyorum ki; ablamın başarılı olması için sessizliğe gereksinimi var. Geçen yıl; üniversiteye giriş sınavına hazırlanırken televizyon sesinden ve gürültülerden rahatsızlık duyduğunu biliyoruz. Babam bir yandan bizlerden sessiz olmamızı istemiş, öte yandan da ablamı her koşulda çalışabilmeye kendisini hazırlamasını istemişti. Dünyanın bin bir çeşit hâli vardı, ama değil mi? Bir yurtta, 3-4 kişi ile birlikte kalıyor olabilirdi, evde "dur, sus" kavramlarından henüz anlayamayacak kadar minik bir bebek olabilirdi. Yine de bizler elimizden geleni yapmıştık sevgili ablacığım için. O da birinci tercihi olan üniversiteye girmiş, hem kendisini hem de bizleri sevince boğmuştu.

Neyse, yine öğretmenimin sözlerine dönerek; yeni öğrendiğim kalite ilkelerini unutmamak için farklı yollar düşünmeye başladım. Aklıma parlak bir fikir gelmişti: Müziği kullanmak! Annemin söylediğine göre bu alanda çok yetenekliydim ve müzik ihmal etmemem gereken bir alandı. Ben de var olan yeteneğimden yararlanarak sözlerini anında buluverdiğim kendi "İlkeler" şarkımı hoş ve akılda kalan bir melodiye oturtmaya çalıştım. Bunu sınıfta ve sokaktaki arkadaşlarıma da kolayca öğretmem mümkün olacaktı. Yaşam aslında paylaşmak değil miydi?

İLKELER

Paydaşları memnun et, Öğrenmeye devam et,
Sistemi kur; iyileştir süreci; Sensin bunun lideri...
Herkesi kat bu işe; sevgini koy ortaya
Çatışmaya yönelme; Zamanı yönetmeyi de unutma!

Evet, "Sürekli Kalite İyileştirme" anlayışının temel ilkelerini öğrenmiştim; ama bunları nasıl uygulayabilirdim? Öğrenmeyi sürdürmek kolaydı. Bu zaten benim öğrenciliğim ve öğrenmeye olan ilgim nedeniyle kendiliğinden devam edecekti. Bu konuda kendime liderlik de edebilirdim; ama paydaşlarım kimlerdi acaba?

Biraz düşününce yanıtlar hızla aklıma gelmeye başladı. Doğal olarak birincil paydaşım "Ben, kendim" idim. Öyle şeyler yapmalıydım ki bu yaptıklarımdan hem fayda sağlamalı, hem de gurur duymalıydım. Çevremdekiler de beni, olumlu değişikliklerim nedeniyle beğenmeliydiler. Benim yaptıklarımdan ilk olarak etkilenecek kişiler kimlerdi? Annem, babam ve kardeşlerim; yani ailem. Benim başarımdan gurur duyacak; ama başarısızlıklarım veya yaramazlıklarımdan etkilenecek olan da onlardı. Sonra okuldaki öğretmenlerim ve arkadaşlarım... Onların memnun olması, benim de memnun olmam demekti.

"Her şey ne kadar da birbirine bağlı!" Bu tümceyi biraz yüksek sesle söylemiş olmalıyım ki annem hemen kulak kabarttı:

- Neler mırıldanıyor bakalım benim akıllı yavrum?

- Her şeyin birbiriyle son derece bağlantılı olduğunu düşünüyordum, anneciğim. Bir şeyleri iyi yaparsam, hem ben, hem de çevremdekiler, beni sevenler bundan etkilenip memnun oluyorlar. İşler kötüyse de tam tersi oluyor.

- Hepimiz birlikte, sosyal bir ortamda yaşıyoruz ve yapılan her şey birbirini etkiliyor. Geçenlerde yapmaya çalıştığın 'yap-boz'un parçaları gibi, hepimiz bu büyük sistemin birer alt sistemi ya da bir parçası olarak 'bütün'ü oluşturuyoruz. Bir parçanın çalışmaması veya az çalışması tüm sistemi etkiliyor. Düşünsene, baban - Allah korusun! - hastalansa ve çalışamasa "aile sistemi"miz ne hâle gelir? Yeniden bir aile-içi düzenlemeye gidilmesi ve diğer bireylerin de para kazanmaya başlaması gerekir. Boğazının ağrıması, tüm "vücut sistemi"ni nasıl etkiliyor, biliyorsun. Zorlukla konuşabiliyorsun. Yutkunamıyor, zor yemek yiyor ve halsiz kalıyorsun.

Gerçekten de öyleydi. Sene başında, küme çalışmamızda Ayşin'in suçiçeği geçirdiği için son anda gelememesi, hazırladığımız projeyi çok iyi sunamamamıza yol açıyordu neredeyse. Fazladan onun görevini de paylaşıp, hazırlanmamız gerekmişti. Demek ki sistemdeki verim, o sistemi oluşturan parçaların ve süreçlerin düzgün işlemesi ile doğrudan ilgiliydi.

Bu konu; Türkiye Büyük Millet Meclisi sistemimizden vücut sistemine, yerel yönetim birimlerinin yani belediyelerin her birinin uyumlu ve düzgün çalışmasından, okuldaki etkin işbölümüne kadar tüm sistemleri içeriyordu. Konuyu, arkadaşlarıma açıp ilkeler konusunda sınıf-içi düşünme ve tartışma ortamı yaratmaya karar verdim. Herkesin bu şekilde düşünmesinin, yani herkesin yapılan her işte katkısı olduğu gerçeğini bir kez daha duymasının ve hatırlamasının yararlı olduğunu düşünüyordum.

Bu sırada okuldan dönen ve söylediklerimize kulak kabartan ablam bir şey daha ekledi:

- Kalite konusuna çok kafa yorduğun belli oluyor. Sana bir döngüden söz etmek isterim. Kalite'nin özünde, felsefesinde olan "sürekli gelişim döngüsü"nü en güzel bir spiral ile anlatabiliriz.

- Evet, babam anlatmıştı.

- Sürekli olarak kalite konusunda araştırma yaptığının farkındayım sevgili kardeşim. Bu beni çok mutlu ediyor. O yüzden de tüm öğrendiklerimi, bildiklerimi seninle paylaşmak istiyorum. Gel bakalım. Elimize spiral bir tel aldığımızı düşün. Ya da daha kolay algılaman için sana komşumuzun kızı Ebru'nun lüle lüle olan o güzelim saçlarını hatırlatayım. Hani parmağını bir uçtan soktun mu, öbür uca kadar devam edip giden lüleler. Kalitede sistemi oluşturup küçük bir grup üzerinde deneme yaptıktan sonra onu bütünde uygulamaya başladığını düşünelim. Aksayan yönleri saptayıp düzeltebilmen için, yapılanları sürekli gözleyip izlemen ve ölçmen gerekecektir. Düzelttikten sonra da işin bitmeyecektir. Sistemin işleyişinde beliren her türlü aksaklığı, zamanında saptaman ve yine iyileştirmen gerekir. Bu minik düzeltmeler, veriminin ve başarının hiç düşmemesini sağlar. İşte bu nedenle, Kalite iyileştirme çalışmalarının özünde bu spiral döngü yatar (Man, 2003). PUKÖ (Planla-Uygula-Kontrol et-Önlem alarak/İyileştirerek hayata geçir) adı verilen bu döngüde önce işler planlanır ve bir grup üzerinde denenir. Ardından sonuçlar ölçülür, kontrol edilir, iyileştirilir ve bütünün üzerinde uygulanmaya başlanır. Haydi, bakalım bunu örneklerle pekiştirelim; ama örnek bulmada bana yardımcı olmalısın.

- Peki, düşünüyorum.

- Bak sana başka bir örnek daha: Diyelim ki bir okulda yeni bir öğrenme-öğretme yöntemi uygulanmak isteniyor. "X Okulu" idareci ve öğretmenleri, öğrenci başarısını arttırmak için öğrencilerin bireysel farklılıklarına göre değerlendirme olanağı sağlayan "Proje Tabanlı Öğrenme ve Portföy Yönetimi"ni okullarında uygulamaya başlamak istiyorlar. Önce, konuyla ilgili tüm bilgiyi derleyip toparlıyor ve üzerinde çalışıyorlar. Okulları açısından olumlu olabilecek yönlerini, sorun yaratması olası taraflarını tartışıyorlar. Sonra bu çalışmayı bir grup öğrenci üzerinde deniyorlar ve sonuçlarını irdeliyorlar. Tabii ki; herkes, yani tüm paydaşlar açısından. Eğer sonuç olumlu ise, eksik noktalar tamamlandıktan ve gerekli düzeltmeler yapıldıktan sonra tüm okulda uygulamaya geçiyorlar. Her geçen yıl, model üzerinde yapılacak iyileştirici çalışmalar başarının daha da yükselmesine neden olacaktır. Yani sürekli kontrolü ve iyileştirmeyi bırakmamak gerekiyor. İşte bu nedenle *"Kalite sonsuz bir yolculuktur"* diyoruz. Hedefine ulaştığını düşündüğün anda çağın gelişimine ayak uydurabilmek için çıtayı biraz daha yukarı çekiyorsun. Bu durumda da hedefin, *senin koşulların ve olanakların doğrultusunda, olabilecek en uygun düzeye ulaşmak!* Ama bunu yakalaman, sürekli çaba göstermeni gerektiriyor ve hiç bir zaman da elde ettiklerinle yetinmiyorsun. İşte bu 'sürekli gelişim'in özünü oluşturuyor. Şimdi sıra sende." dedi ablam.

"Hımmm, düşüneyim bakalım." dedim. Aklıma babamın kendi iş yeriyle ilgili olarak verdiği yeni bir araba modelinin geliştirilmesinden başka bir örnek gelmiyordu. Eskiden beri bahçesiyle ilgilenmeyi çok seven dedemin örneği imdadıma yetişti: "Bahçemdeki sebze ve çiçeklerime dadanan zararlılarla mücadele ettiğim bir seneyi hatırladım" demişti. "Her bir köşeye ayrı bir ilaç deneyerek en etkili olan ilacı bulmuş ve sonra tüm bahçeye onu kullanmıştım. Bu arada zararlıların niye dadandığını araştırmış, bir sonraki yıl komşularımızla ortak ilaçlama yaparak sorunumuza çözüm bulmuştuk".

O sırada içeri giren babam ise eve hayli önemli bir sorun ile gelmişti. Anneme seslenerek "Hanım, bu ayki bütçemizde kocaman bir delik var. Bir sonraki ay için önümüze tüm gider ve gelirimizi koyarak beklenen ve beklenmeyen masrafları da düşünerek yeni bir harcama planı yapmak zorundayız. Bu ay sonuç olumsuz. Demek ki planlarımız başarısız oldu, başka bir yol denememiz gerekiyor." dedi.

"Okulda proje ve portfolyo yönetimi (Ürün dosyası)", "Araba modellerinde gelişim",

"Bahçe zararlılarıyla mücadele", "Aile bütçesi hazırlama ve geliştirme"... Birden bire yaşamın her yönünün "gelişim ve değişim" ile ilgili olduğunu fark ettim. Bu kadar örnek bana yetmişti. Şimdi yapmam gereken şeyin ne olduğunu biliyordum: Her bir dersim için PUKÖ döngüsü geliştirecektim. Nasıl mı? Diyelim ki "Türkçe" dersi için, bir yıllık bir çalışma planı çıkaracak, hangi konularda, nasıl çalışmam gerektiği üzerinde düşünecek, gerekirse evdeki büyüklerime ve okuldaki öğretmenlerime danışacaktım. Daha sonra arkadaşlarımın çalışmalarıyla kendiminkini karşılaştıracak ve her proje veya sınav sonrasında edindiğim başarının daha da yükselmesi ve öğrenmemin daha yüksek düzeyde olması için çaba gösterecektim. Türkçe dersi içinde kitap okumak da önemli bir yer tutacaktı. Zaten kitap okumak en sevdiğim işlerden birisi. Üstelik çoğu kişinin söylediği gibi; 'zaman geçirmek' için değil, 'zamanımı değerlendirmek' için!

Aynı çalışmayı Matematik, Fen Bilgisi, Sosyal Bilgiler, İngilizce, Resim derslerim için de yapacaktım. Sonra belirlediğim yönteme göre derslerime çalışacak, sınav sonuçlarıma, öğretmenimin bende izlediği değişikliğe ve kendimde hissettiğim öğrenme düzeyimdeki değişime göre çalışma yöntemimi değiştirecek veya aynı yöntemi daha da mükemmelleştirerek çalışmalarıma devam edecektim. Ayrıca hepsini içine alan bir de "Ürün Dosyası" hazırlayacaktım kendime. Onları ileride çocuklarıma gösterip eserlerimle gururlanacaktım (Ölçme ve Değerlendirme: www.ttkb.meb.gov.tr, Hayal Köksal Müfredat Akademisi CD'si ve www.kaliteokulları.com).

Biliyordum ki; "Gereği gibi yapılan çalışmalar mutlaka ürün verir!". Dedem her zaman "Emeksiz yemek olmaz!" der. Çaba göstermeden, çalışma yöntemlerimizden hangisinin daha etkili olduğunu, nasıl bilebiliriz? Geçenlerde, sınıfımıza gelen Müfettiş Bey'in ders sonunda öğretmenime söyledikleri çok dikkatimi çekmişti:

- Artık çağdaş eğitim sistemlerinde, öğretmenler sınıfın lideri, danışmanı, kolaylaştırıcısı ve koçu! Bu anlayışı çok iyi uyguladığınızı gördüm. Öğrencilerimize "öğrenmeyi öğretmek" yani, "hangi tür bilgiyi nereden, hangi kaynaktan ve nasıl bulacaklarını öğretip onları ezbere değil, düşünme becerileri ve yaratıcılıklarını geliştirmeye yöneltmek" ana hedefimiz olmalı. Bilginin ömrünün son derece kısaldığı günümüzde öğrencilerimizin kafasını 'ezberlenecek' bir takım rakam ve isimlerle doldurmak yerine, o bilgiyi nereden ve nasıl bulacağını öğretmek, düşünmeyi ve mantık yürütmeyi öğretmek, böylece düşünen bir kuşak yaratmak bunun için en gerekli koşul. Bu konuda siz öğretmenlerin çocuklara iyi bir model olması gerekiyor. "Yaşam boyu öğrenme" zaten insanın doğasında var. Hangimiz doğduğumuz günkü hâlimizde, aynen kaldık? Bir günümüz bile bir diğer günümüzle aynı değil. Son derece kutsal olan öğretmenlik mesleğinde ise bu doğrudan ayrılmak, yeni kuşakları katletmek olur. Çalışmalarınızın devamını dilerim Öğretmen Hanım.

Bunları işitmek öğretmenime karşı içimde bir kez daha sonsuz şükran ve sevgi hisleri duymama neden olmuştu. Ne kadar şanslı bir çocuk olduğumu düşünerek, bir kez daha Allah'a şükrettim. Sonra tüm bu düşüncelerimi, öğrendiklerimi paylaşacağım bir dost geldi aklıma: Günlüğüm! Öz değerlendirme bölümünün de yer aldığı günlüğüm benim sırdaşım ve unuttuklarımı bana hatırlatan can yoldaşımdı. Odama gidip günün değerlendirmesini yapmaya karar verdim. Siz de günlük tutuyor musunuz? Ben her gün olan olayları, duygu ve düşüncelerimi sevgili günlüğümle paylaşmaktan büyük bir zevk alıyorum. Hepinize "Günlük" tutmanızı öneririm. Her sabah ve her akşam elimin altında bir rehber ve bir sırdaş o benim için. İleride bireysel gelişimimin güzel bir kaydı olarak dolabımın en güzel yerinde duracağına inanıyorum. Diğer bir deyişle benim "Gelişim Tarihçemin Kaydı". Bir yaşam sloganınızın olması, yaşamınızın misyon ve vizyonunu düşünüp kaydetmiş olmanız sizin gelişim yolculuğuna attığınız ilk adımlar. Ancak önce bu kitabı okuyun ve kitap ayracını da özenli kullanın Günlüğe sonra karar verirsiniz. O benim en iyi arkadaşım, sırdaşım. Her akşam onunla dertleşmeden asla yatağa girmem.

GÜNLÜĞÜM

Dostlar vardır insanı yürekten güldürür,
Dostlar vardır insanı derinden düşündürür.
Dostlar vardır her an zor gününde yanında
Dostlar vardır bilgece, öğrenmenin kaynağında.
Benim yeni dostum "Günlüğüm!"
Her sayfası ayrı bir öykü, her satırı ayrı bir öğreti,
Sanma ki beni bezdiren bir ömür törpüsü
O benim dostum, sırdaşım, sanki bir 'deneyim sepeti'.

Hayal Köksal, İstanbul, 2012

BÖLÜM ÜÇ

BİREYSEL GELİŞİM İLKELERİ

Dünyanın bize saygı göstermesini istiyorsak, önce bizim kendi benliğimize ve ulusumuza bu saygıyı; duygu, düşünce ve davranışlarımızla göstermemiz gerekir.

M. K. ATATÜRK

Bireysel Gelişim İlkeleri

Günler su gibi gelip geçiyor ve ben "kalite" ile ilgili duyduğum, gördüğüm herşeyden etkilenip, konuyu daha iyi özümsemeye çalışıyorum. Gazetelerde okuduğum "bireysel gelişim" ve "bireysel kalite" kavramları son derece ilgimi çeken konular. Özellikle gazetelerin Pazar eklerinde yer alan İnsan kaynakları (İK) sayfalarını çok seviyor, o günü heyecanla bekliyorum. Çünkü genelde o sayfalar kalite ile ilgili haberleri veriyor.

Ara sınavlarının ardından derin bir "Oh!" çeken ablamı bir gün boş bir anında yakaladım ve bana haftalar önce verdiği bir sözü anımsattım: "Bana 'bireysel kalite' konusunda bilgi verecektin ablacığım, unuttun mu?".

Bu konuda çok şanslı olduğumu, daha geçen hafta *"Kalite Okulları"* isimli bir kitapta, bununla ilgili çok güzel bir bölüm okuduğunu ve öğrendiklerini benimle paylaşabileceğini söyledi. Çok mutlu olmuştum. Yanağına kocaman bir öpücük kondurup bir kedi sıcaklığıyla yanına sokuldum ve dinlemeye başladım:

- Biliyorsun 'kalite felsefesi' paydaş dediğimiz kişilerle, belli bir kurumda hizmet eden veya ürünü yapanlardan başlayarak, o ürün veya hizmetten yararlanan, etkilenen ve kullananlara kadar tüm bireylere ve hatta tüm topluma odaklıdır (Greenwood ve Gannet:2004). Sonuçta her şey; bireyin kalitesinden kaynaklanıyor ve bu kalite anlayışı bireyle beraber aileden okula, iş ortamından topluma kadar büyük bir etki alanı oluşturuyor. Yani bizler "bireysel kalite"mizin düzeyini yükselttikçe, otomatik olarak, yaşadığımız tüm ortamlardaki kalite düzeyini de yükseltmiş oluyoruz. O nedenle, kalite bilinçlendirme çalışmalarını okul öncesi eğitim kurumlarından başlatsak bile, eğer aileden bu konuda destek gelmiyorsa, başarılı olmaktan söz edemeyiz. Biliyoruz ki, erken çocukluk yaşlarında zamanımızın çoğu aslında okulda değil, evde ailemizin ve yakın çevremizin yanında geçiyor. İşte bu nedenle gerçek bir kalite uygulaması başlatabilmek için gerekli kalite bilincini almış olan okul yöneticileri, okul dışındaki en önemli paydaş gruplarından biri olan aile/veli eğitimine büyük önem veriyorlar ve bu konuda aynı dili konuşabilmek adına da aileleri kalite uygulamalarının içine çekmeye çalışıyorlar. "Ana-Baba Okulu" oluşturup, "Kalite Farkındalığı Eğitimi" almalarını sağlıyorlar (Köksal, 2003).

Şimdi sana eğitimci bir yazar ve kalite uzmanı olan Bonstingl'ın çalışmalarından okuduğum "Bireysel Kalite Geliştirme Yolları"nı anlatmak istiyorum (Bonstingl: 2000, 2005):

1. Bireysel Liderlikten Toplum Liderliğine Yol Almak: Her birey bu dünyaya iyi işler yapmak, insanlığın gelişimine katkıda bulunmak üzere geldiğini düşünmelidir. Yalnız iyi günlerin değil, kötü günlerin de insanın bir şeyler öğrenmesi için gerekli olduğuna inanıp, yaşadığı her ân'ın yalnız kendisi için değil, çevresindeki herkese yararlı olması için çalışmalıdır. Sürekli gelişimi için her fırsattan yararlanmalı, yaşamı dolu dolu yaşayarak iyi, doğru, güzel ve yararlıya yönelme konusunda önce kendisine sonra da diğer insanlara "liderlik" etmelidir. Aslında tam da bu konuda birçok uzman benzer görüşler içinde. Örneğin Stephen R. Covey de "Etkili İnsanların 8 Alışkanlığı" isimli kitabında Duygusal Zekâ üzerinde duruyor ve beş temel bileşenden söz ediyor (2005:390):

» Bireysel farkındalık,

» Kişisel isteklendirme,

» Bireysel düzenleme,

» Empati ve

» Sosyal beceriler.

Ablama göre bu özellikler Bireysel Liderlik için taşınması ve geliştirilmesi gereken özellikler. Siz kendinizde bu özelliklerin olduğunu düşünüyor musunuz? Belki de hedeflerimiz arasına bunları edinmeyi almamız geleceğimizi iyi kurgulamamız için şart! Ne dersiniz?

2. Gerçek Ortaklık Anlayışı İçinde Olmak: Herkes bireysel ve toplumsal kalitenin yükseltilmesi için çevresinde etkileşimde bulunduğu kişilerle "gerçek" dostluklar veya işbirlikleri kurmalı, karşılıklı yarar ve herkesin iyiliği için gücünü başka güçlerle birleştirme konusunda sürekli fırsat aramalı veya yaratmalıdır. Aynen soğan kabuğu gibi; öncelikle yakın çevremizden yani ailemizdeki bireylerden, arkadaşlarımızdan ve birlikte çalıştığımız kişilerden başlayarak toplumun geneline doğru iletişim, işbirliği, etki ve yardımlaşma yaklaşımımızı genişletmeliyiz. Biliyoruz ki "Birlikten kuvvet doğar". Bununla ilgili başka güzel sözlerimiz de var. Örneğin "Bir elin nesi var, iki elin sesi var". Ayrıca biliyoruz ki "ekip çalışması" verimli olmanın temel kurallarından biridir ve dünyaya örnek olabilecek en güzel işbirlikleri bizim gelenek ve göreneklerimizde zaten yer alıyor. Köylerimizdeki "imece" çalışmaları bunun en güzel örneği. Köy sakinlerinin elele vererek, eğlence ve keyifle tüm hasadı beraber yapması, genç bir çifti evlendirmesi gibi toplumsal olaylar ve imece nice eserlerimizi süsler.

Ya; "İmece Halkaları" çalışmasına ne dersiniz? Bu kavramı hiç duymuş muydunuz? Biz geçtiğimiz günlerde öğretmenimizin dersimize davet ettiği bir kalite uzmanı hanımefendiden bu kavramı ve işleyişini öğrendik. 2005 Türkiye Yaratıcı Kalkınma Fikirleri yarışmasına katılan 739 projeden ödül alan 22 projeden biriymiş.

Bu halkalar, proje geliştirmek ve her alanda iyileştirme yapmak için tasarlanmış. İçinde "toplantı", "zaman" ve "çatışma" yönetiminden "sorun çözme becerileri"ne ve ekip ruhuyla "görevdeşlik (sinerji)" yaratmaya kadar herşey var. Halka olmak için ortalama altı öğrenci, iki öğretmen ve iki de istekli anne-baba gerekiyormuş. Bu zamana kadar binden fazla imece halkası yöneten bu üniversite hocasıyla gelecek dönem bu yöntemle işleyen "Bilişimci Martılar Projesi" çalışmasına katılacağız (Bkz. Ek 3). Ana sınıflarından üniversitelerdeki yüksek lisans sınıflarına kadar farklı düzeyde İmece Halkası örneklerini görmek istiyorsanız; www.bilisimcimartilar.com adresinden sürekli ve daha fazla bilgi edinmeniz mümkün.

3. Öncelikle Sistemi Doğru Kurmak: Kalite felsefesi ve uygulamalarının önde gelen, hatta babası sayılabilecek bir uzman olan Deming demiş ki:

"Hatayı bireyde değil, sistemde arayın. Kişilerin hata yapmasına sistemdeki aksaklıklar neden olur."

Bu bence de son derece doğru bir söz. Babam diyor ki; bir şirkette veya bir okulda sürekli aksayan bir konu varsa; orada görev yapan kişiye değil, sistemdeki sorunlara yönelmek lâzım. Örneğin; bir öğrenci normal veya yüksek bir zekâ düzeyine ve aile desteğinin olmasına karşın derslerinde başarısız oluyorsa, bu başarısızlığın kendisine uygun bir çalışma sistemi oluşturamamasından kaynaklandığını düşünebiliriz.

Belki de "işitsel" bir kişi olmana rağmen yani; konuları dinleyerek daha iyi öğrenebilmesine karşın özet çıkarıp, yazarak çalışıyorsa; öğrenme düzeyi, dolayısıyla başarısı düşük olacaktır. Burada yapması gereken şey, belki de çalışma konularını kasete okuyup veya kameraya kaydedip sürekli dinlemek veya izlemek olacaktır. Tabii ki "görsel" biriyse de bunun tersini yapması gerekecek. Günümüzde özellikle NLP (Beyin dili programlaması) uzmanları, yani 'insan mükemmeliyeti psikolojisi' üzerine çalışan bilim adamları bireylerin doğru çalışma yöntemleri geliştirip daha başarılı ve mutlu olmaları için çeşitli araştırmalar yapmaktalar.

Biraz önce verdiğim örneklere benzer çalışmaların sınıf-okul ortamında da yapılması gerekiyor tabii ki. Ayrıca "at gözlükleri ile bakmak" deyimini de bu konuda göz ardı etmemek gerekiyor. Yani kişisel görüş açımızı, vizyonumuzu geniş tutabilmek, her zaman detayları değil de; resmin bütününü görmeye çalışmak sistem kurma aşamasında önemsenmesi gereken konular. Aklıma öğretmenimin görsel ve kinestetik oluşu geldi. Sanırım ben de onun gibiydim, ona benziyorum. Umarım ben de gelecekte onun gibi başarılı biri olurum, ama tıp dalında…

4. Süreçlere Yönelmek: Sistemi kurup çalışmaları sürdürürken o sistemi oluşturan parçaların her birini sürekli olarak iyileştirmek, süreçlere yönelmek gerekiyor. Diyelim ki sağlıklı bir bedenin olsun istiyorsun. Sadece yiyip içtiklerine dikkat etmen, düzenli spor yapman bunun için yeterli değil. Beden faaliyetlerini yöneten merkezi sinir sistemi ve onu besleyen ilgili her sistemi de sağlıklı tutmak zorundasın. Rahatlama teknikleri, bir hobiye sahip olmak ve o alanda çalışmalar yapmak, yaşama olumlu bakabilmek ve yardım kurumlarıyla ortak çalışmalarda bulunmak kişiyi başarılı kılmanın öbür yönüdür. Örneğin "Düşüncenin İyileştirici Gücü" isimli eserinde Louise Hay diyor ki (2009:10);

...Hayatımızdaki herşey bir düşünce olarak başlıyor. Yaşadıklarımız yalnızca içsel düşüncelerin dışsal etkileridir. Hepimiz, yaşamımızda gerçekleşen olaylara katkıda bulunuyoruz, dolayısıyla onlardan sorumluyuz_hem iyi, hem de kötü şeyler için. Deneyimlerimizi, söylediğimiz sözler ve aklımızdan geçirdiğimiz düşüncelere dayanarak yaratıyoruz. Zihnimizde barışı ve uyumu yarattığımızda ve de olumlu şeyler düşündüğümüzde, kendimize olumlu deneyimleri ve bizimle aynı düşüncedeki insanları çekeriz. Tersine, hata bulmaya, suçlamaya, kurban olduğumuz anlayışına saplandığımızda, yaşamımız hayal kırıklıkları ve başarısızlıklarla dolu olur ve yine bizim gibi düşünen insanları çekeriz. Esas olan; kendimize ve yaşamımıza ilişkin inandığımız şeyin bizim için gerçek olmasıdır...

Biliyoruz ki kişinin kafa, kol, kalp yani 3K dediğimiz üç yönünü uyum içinde götürmesi, onun mükemmel insan olması için son derece gerekli. Kafa, yani bilgi düzeyimizi yüksek tutmak; kol, yani bedenimize iyi bakmak; spor yapmak ve kalp, yani ruhsal yönümüzü zenginleştirip bu muhteşem üçlüyü her zaman beslemek: İşte başarının yolu!

5. Sürekli Öğrenme ve Gelişmeye Adanmışlık

Bireyler bilgi ve becerilerini kullanarak daha güçlü ve bilgili olma yolculuğunu yaparken çevrelerindeki kişilere de aynı şekilde davranmaları için model olabilir ve onlara yardımcı olmayı seçebilirler. Yaşamımızın her gününü öğrenmeye ve kendimizi geliştirmeye adamalıyız. Son derece büyük bir hızla değişip gelişmekte olan, içinde yaşadığımız 'Bilgi ve İletişim Dünyası'nda bunun tersini yapmak, süratle geriye gitmek olur. Hedefimiz "Daima ileri gitmek!" olmalı.

- Bütün anlattıklarımı umarım uygulamaya çalışırsın, dedi ablam. Eğer çevrende kaliteyi duyumsamak ve yaşamak istiyorsan önce kendin bu ilkeleri uygulamaya çalışmalısın; en yakın çevrenden başlayarak etki alanın içerisindeki yakınlarını, akraba ve arkadaşlarını sonra da diğerlerini etkilemeye çalışmalısın.

- Evet, dedim büyük bir coşkuyla. Babamın *gönüllü trafik müfettişi* olması da bununla ilgili değil mi? Amaç çevremizdeki kişilerin trafikte yaptıkları hataları düzeltmek, kuralları uyanları övmek ve yüreklendirmek konusunda trafik polislerine yardımcı olmak.

- Harika bir örnek! dedi ablam beni öperek. Başka ne örnekler yakaladın bakalım anlattıklarımla ilgili olarak?

- *Gerçek Ortaklık* da çok ilgimi çekti. Yani kendin için gerçekleşmesini istediğin olayların çevrendeki kişiler için de olmasını istemek, kaçındıklarından yakınlarının da korunmasını sağlamak. Önümüzde çukur olduğunu fark ettiğimizde bunu görememiş olan arkadaşımızı önceden uyarmak gibi.

- Çok haklısın! Aslında bencilce duyguların son derece yoğun yaşandığı şu günlerde, böyle duygu ve düşünceleri taşımak erdemli oluşun bir göstergesi. Toplumdaki bireylerin birbirini anlaması ve ortak bir şeyler üretebilmesi için okullara 'Empatik Düşünme' dersi konmalı bence. Sırası gelmişken hemen altıncı ilkeyi görelim.

6. Daha Derin Bir Anlayış ve Empati Göstermek: Önce kendini sonra da diğer insanları anlamaya çalışmalısın. Bir durumun ve/ya sorunun gerçekten ne olduğunu anlamak için gerekli bilgiye sahip olman gerekir. Eğer bu konuda eksiklik hissediyorsan aklını ve yüreğini açık tutman gerek. Bu konuda engellilerle ilgili çalışmaları da düşünmeni öneriyorum. Bak biz geçen hafta Sosyal Sorumluluk programı için Ataköy'de bulunan Türkiye Omurilik Felçlileri Derneği'ne (www.tofd.org.tr) gittik. Yaşamları akülü sandalyeye bağlı olduğu halde yaşamla bağlarını koparmamış gençlerle tanıştık. Hele Serkan isimli genç bir arkadaş beni öylesine derinden etkiledi ki: Yaşam öyküsünü yazmaya çalışan bu gencin yaptığını, nice sağlıklı insan yapamaz! Çok takdir ettim doğrusu, çok! Üstelik grafik ve İngilizce seminerlerine katılarak kendini geliştirme konusunda da adımlar atıyormuş. Diğer bir genç arkadaş, Yusuf da bilişimde de çok başarılı. Bence engelli insanlarımıza yardım etmeye öncelikle sağlığı yerinde olanlardan başlamak gerek. Baksana yollarımızın, toplu taşıma araçlarımızın ve hatta okullarımızın haline... Ne görme engelli ve ne de bedensel engelli için kolaylaştırıcı düzenekler var. Bu konuda çok gerilerdeyiz, ne yazık ki! Empati konusunu açarsan aklıma önce bu sorun gelir benim. Bir de bu alanda yazılmış yeni bir kitap: "Engelleri Empati ile Aşmak". Sürekli Gelişim Derneği ve TOFD yararına yazılmış bir farkındalık kitabı *www.kabalci. com.tr* ve *www.pandora.com.tr* adreslerinden edinilibilirmiş. Bu anlattıklarım seni de düşündürdü mü? Haydi, bakalım kaliteci, ben derse geç kalıyorum, dedi ve koşarak evden ayrıldı.

Gitmişti; hem de beni türlü çeşitli ve de çoğu acı verici düşünceler içinde bırakarak! Empatik Düşünce... Covey de duygusal zekânın gelişimi için önemli bir yere koymuştu onu. Aslında her Pazar günü özel bir TV kanalında Engellileri anlamamız için hazırlanan "Empati" isimli program da bizlere empatiyi öğretiyordu. Anneanneme ve dedeme sormayı denedim; ama yabancı terimler onlara göre değildi. Sonunda öğretmenime danışmaya karar verdim. Öğretmenimden gelen yanıt, yine beni aydınlatmaya yetmişti:

- *Empatik olmak*, insanın kendisini başkasının, yani karşısındakinin yerine koyarak onu anlamaya çalışması demek yavrum. Diyelim ki, baban işinde çok zor bir gün geçirdi ve yüzü asık olarak eve geldi. Ondan seninle biraz oyun oynamasını istedin; ama o canının sıkkın olduğunu, seninle daha sonra ilgilenebileceğini söyledi. Ne yaparsın? Israr eder, bağırıp çağırır, küser misin? Yoksa onun derdini anlamaya çalışır ve rahatlatmak için elinden geleni yapmaya mı çalışırsın?

"Tabii ki ikincisi!" dedim.

- İşte, bu senin empatik bir insan olduğunu gösterir. İnsanların birbirlerini anlamaya çalışması onları kırgınlık ve dargınlıklardan; ulusları da savaşlardan alıkoyar. "Yurtta Barış, Dünyada Barış!" diyen bir Ata'nın çocukları olarak milletçe hedefimiz, her zaman, barışı yakalamak ve yaşatmak olmuştur."

Birden yan blokta oturan Senem'i anımsadım. Küçük yaşında geçirdiği çocuk felci onu bir bacağından etkilemiş; kısa ve zayıf kalmasına neden olmuştu. Yürümesini bozan ve yavaşlatan bu durum Senem'in bizlerden ayırıyor, oyunlarda aramıza katılmayıp kenardan izlemesine neden oluyordu. Diğer arkadaşlarımla konuşup; onun yanımızda olduğu zamanlar ona uygun oyunlar kurgulamamız gerektiğini anlatacağım. Çok sevdiğimiz, yumuşacık ve hassas bir arkadaşımıza empati ile yaklaşmamız gerek. Ama asla acıma ve aşağılama ile değil; yalnızca bizlerden biri olarak yürekten yardımcı olarak…

7. Ne olursa olsun; Herşeyi Sevmek ve Takdir etmek: Yedinci ilkeyi söylemeden gitmişti ablam ama ben onun "Aşk ve sevgi" konusunda olduğunu biliyordum, daha önceki açıklamalarından. Yaşım belki küçüktü ama ben de sevgiden, aşktan anlıyordum elbette. Geçen hafta Türkçe dersinde bir dörtlüğünü çalıştığımız Âşık Veysel'in sözleri geçiverdi aklımdan:

Güzelliğin on para etmez,
Bu Bendeki aşk olmasa...
Eğlenecek yer bulamam,
Gönlümdeki köşk olmasa...

Hem aşk kelimesinden neden kötü anlamlar çıkartılır ki? "Yaşamın temeli sevgidir." der, her zaman annem. Beni; "Seni seviyorum, aşkım, yavrum benim." diye sever. Çok da hoşuma gider bu sözler doğrusu. Babama da seslenişi öyledir. Bizim evde sevgi ve aşk hissedilir, görülür, duyulur, kısaca yaşanır. Kimse biribirine kötü söz söylemez, âh etmez, hele küfür hiç duyulmaz. Bizler güzel ve köklü bir ailenin, çiçek açmış dalları ve güzel çiçekleriyiz. Kötü sözlere bizim evimizde yer yok.

Aslına bakarsanız başkaları hakkında konuşurken de asla olumsuz konuşulmasına izin vermez benim büyüklerim. Dedem; "İnsan olmak ayrı bir şey. Kendini bileceksin. Kimseye kötü kelâm etmeyeceksin. Bu sevgili Cenâb-ı Hakk'ın yarattığı herşey; tüm canlı ve cansızlar için de geçerli." der ve: "Bitkileri ve hayvanları da sevip kollayacaksın. Onlar bizim dostlarımız ve var olma sebeplerimiz. Bakın çevremize. Şimdi onlara kötü davranmamızın cezasını çekiyoruz bu iklim değişikleriyle. Kestik ormanları, katlettik doğayı. Yazık, yazık, çok yazık! İleride içecek suyumuz bile olmayacak." diye söylenir zaman zaman. "Söylenir" dedim ama sakın annem bu kelimeyi kullandığımı duymasın, üzülür. Çünkü bana her zaman çocuklara ve de özellikle karşı yardımsever, hoşgörülü ve sabırlı olmam gerektiğini öğretir. Hoşgörü: Ne hoş bir kelime! "Barışın giriş kapısı" demişti anneannem bu kelime için bir zamanlar. Özellikle yönetimsel olaylarda önemliymiş; haa bir de evlilikte, mutlu olmak için. Eşlerin biribirine hoşgörü, sevgi ve yardım ruhuyla yaklaşması ön koşulmuş. Yeni evlenecekler, bilginize...

Sevmek kelimesi hep başkalarına yönelikmiş gibi gelir bizlere ama öğretmenim der ki; "İnsan önce kendini sevmeli!". Sonra da ekler:

"Kendiniz için duyduğunuz sevgide koşulsuz ve cömert olun. Sevildiğinizi fark ettiğinizde o sevgi hayatınızın her alanına akacak ve size katlanarak geri dönecektir. Gücenme, korku, eleştiri ve suçluluk duygusu her şeyden önce daha fazla soruna neden olur. Bu yıkıcı duyguları geçmişte bırakın ve düşünme kalıplarınızı sevgiye odaklı olarak değiştirin. Önce iyi şeyler yapın veya düşünün, sonra da bunlar için kendinizi takdir edin. Kızgın olduğunuz kişileri affedin. Kin hiç de iyi bir şey değil. Hem sağlığınıza zararlı, hem de toplumsal ilişkiler yumağını zedeleyen bir duygu. Kendinizi elinizden geldiğince sevin."

Bu sözlerin yanında, öğretmenimizin yaklaşımı ve hareketleri de bunu doğrular yöndedir. Her arkadaşımı tek tek sever, takdir eder. Teşekkür etmede çok cömerttir. Aslında şimdi dikkat ediyorum da; o bizlere birer yetişkinmişiz gibi davranır. Asla bağırıp kızdığını görmedik. Yaramazlık veya uygunsuz davranışlarımız karşısında gözlerindeki bulutlanmayı ve yüzündeki hayal kırıklığını görmek bile bize hemen geri adım attırır. Biz onu hiç üzmeyiz, o da bize her zaman güler yüzünü gösterir, asla bezgin, mutsuz ve yılgın görünmez, somurtmaz! Bunun için gerçekten mutlu olmalıyız sevgili arkadaşlarım! Eminim ki aslında bizim evlerimizde yaşanan sorunlara benzer ne sorunlar ve hatta daha fazlası onun evinde de yaşanmaktadır. Ancak o sorunlarını asla bize yansıtmaz, tam bir profesyonel olarak işini yapar.

Yukarıda sıralanan maddelere bence eklenmesi gereken başkaları da var. Bu 7 ilkeyi 12'ye çıkartıp her aya bir tane gelecek şekilde yıla uyımlamak istedim. Daha başka "bireysel kalite" özelliklerini de kendimce önemli sayarak ekledim. Bakalım sizler de bana katılacak mısınız?

8. Etik Davranış: Öğretmenim, iyi ahlâklı olmanın özelliklerinden ve erdemlerinden bahsederken "Etik" terimini araştırmamızı istedi. İnternetten yaptığımız taramada; Etik teriminin Yunanca 'ethos' yâni 'töre' sözcüğünden türediğini öğrendik. Etik, felsefenin dört ana dalından biriymiş. Yanlışı doğrudan ayırabilmek amacıyla ahlâk üzerinden konuşur, sorgular, tartışır, düşünür, yargılar, ahlâk kavramının doğasını anlamaya çalışırmış. Türkçede etik sözcüğü ahlâk sözcüğüyle eş anlamlı kullanılsa da ahlâk yöresel, etik evrenselmiş, evrensel kabul gören kurallarmış (wikipedia).

Öğretmenimin niye bu konuyu önemsediğini anladım: "Etik" kavramının tarihinin eski olmasına karşın, "iş ahlâkı" olarak bu kavramın tartışılmasının yeni olduğunu görmekteymişiz. Aslında, "Bilimin babaları" sayılan, ünlü eski Yunan filozofları Eflatun ve Aristo'nun ilk dönemlerinden itibaren işadamlarının işlerini nasıl doğru yapacakları konusunda bazı kurallar varmış. Osmanlı döneminin önemli kurumu Ahiliğin en önemli özelliklerinden biri de "iş yapma ahlâkı" imiş. Yıllar boyu uzmanlar; "doğru nedir?" sorusuna yanıt vermenin yanısıra, "doğru iş nasıl yapılır?" sorusuna da yanıt aramışlar. Ancak; bazı uzmanlara göre iş dünyasında ve akademik ortamlarda "Meslekî etik" tartışması yeni bir olguymuş *(http://www.urbanhobbit.net/PDF/Etik.pdf)*.

Küreselleşme süreciyle birlikte birçok alanda ciddi etik sorunları yaşanmaya başlamış. Teknolojinin hızlı gelişimi de her türlü bilgiye erişimi kolaylaştırmış. İnsanlar kolayca eriştikleri başkalarının fikirlerini kendi fikirleri imiş gibi konuşup yazmaya başlamışlar. Makale, kitap yazımından tutun da başkalarının projelerini kendi projesi gibi tanıtanlar çoğalmaya başlamış. "Moral değerlerin yıkıldığı toplumlarda, gerçek üretim ve insan haklarından söz edemeyiz!" diyor öğretmenim (Çelik, 2000:91). Vicdanımızın rahat olması, rahat uyku uyuyabilmemiz için herkesin hak ve emeğine saygılı olmak ön koşulmuş. Bence de!

Konu daha sonra ödev ve proje geliştirmeye geldi ve öğretmenim bu konuyu çok önemsediğini, etik davranışın çok önemli olduğunu, yaptığımız tüm ödev ve projelerin bizim kendi ürünümüz olması gerektiğini özellikle vurguladı. Bir başkasının çektiği bir manzara resmini kullanmak için bile, izin almamız ve altına o resmi çeken kişinin adını yazmamız gerektiğini de sözlerine ekledi. Kaynak alma ve alıntı yapma kuralları varmış. Bunu öğrenip, ödevlerimizi buna göre yapmalıyız. Veeee ödevlerimizi asla başkalarına yaptırmamalıyız. Ödevi yaparken konuyu öğrenmesi gereken kişiler biziz, değil mi?

9. Görgü Kurallarına Uyma: Annem her zaman 'görgü'nün ulusal kültürün bir parçası, bir yaşam biçimi olduğunu ve temellerinin ailede öğrenildiğini söyler. Konuşmayı öğrendiğimiz gibi görgü kurallarını da öğrenirmişiz. Çevreden gelen her türlü olumlu veya olumsuz etki önce ailede sonra da okulda kontrol edilip ayıklanırmış. Bir toplulukta barış, huzur ve uyum o toplumdaki bireylerin birlikte uymaya zorunlu oldukları kurallar ve yasalar sayesinde olanaklıymış (Hidayet ve Sedat Ongan, 2010). Sosyal topluluk içinde disiplinsiz, başıboş yaşamak veya böyle bir yaşama özlem duymak anarşiyi doğurur, rahatsızlık ve zarar yaratırmış. Ve yine bu kurallar uzun deneyimlerin, gözlemlerin sonucunda yine kişilerin mutluluğu ve huzuru için toplum tarafından konulmuş. Örneğin belli bir saatten sonra evimizde çivi çakmak, televizyonun sesini çok açmak gibi olaylar komşularımızı rahatsız eder diye büyüklerimiz tarafından uyarılırız. Esnerken ağzımızı su aygırları gibi açıp kötü bir görüntü sergilememe konusunda da! Kendi haklarımızın bittiği yerde bir başkasının hakkının başladığını asla unutmamalıyız. Estetik de üzerinde durmamız gereken önemli bir kavram. Öğretmenim de hep bunu vurgular.

Görgüsüzlük annemin ve babamın çocukları için asla onaylamayacakları bir kavram. Ben de onları üzmemek için yalnızken veya toplum içindeyken nasıl davranmam, nasıl konuşmam gerektiğini öğrenmek için elimden geleni yapıyorum. Bunu onlara borçluyum, çünkü onların hedefleri topluma saygın ve yararlı bireyler yetiştirebilmek, tüm anne ve babalar gibi...

Bu arada annemin günlerdir başucunda duran bir kitaptan da söz etmeden geçemeyeceğim: Hidayet ve Sedat Ongan tarafından hazırlanmış bir kitap bu: "Yaşamayı Öğrenmek". Üstünde "Öğrenciler ve herkes için" yazması ilgimi çekti, anneme sordum. O da bana kitabı 1938 yılında Hidayet Ongan isimli bir felsefe öğretmeninin "Talebeye Muaşeret Bilgisi" kitabı olarak yazdığını daha sonra o kitabın toplumun her kesimi için gerekli olduğuna inanan kardeşi Sedat Ongan tarafından yeniden ve yeni isimle düzenlenip basıldığını söyledi. İsteyen herkese ücretsiz dağıtılıyormuş *(sedatongan@hotmail.com).*

"Ne kadar iyi insanlar var bu dünyada..." diye düşünmeden edemedim. Sonra da içimden bu kişilere sonsuz sevgi ve saygılarımı ve şükran duygularımı gönderdim. Güzel günler yaşıyorsak, böyle güzel insanlar sayesinde olmalı...

10. İletişim Becerileri ile Donanıp Korkuyu Yenme: "İletişim becerilerini geliştirip toplumun diğer bireyleri ile iletişim kurmaktan çekinmeyen, korkmayan, girişgen insanların yaşamda başarılı olacaklarını biliyor ve buna tüm kalbimle inanıyorum." diye söze başladı sınıfımıza gelen konuk gazeteci. Meslekleri tanıma konusu için çağırılmıştı ve alanının en iyilerinden biriydi. Babamın haber programlarını izlemekten keyif duyduğu kişiydi o. Sesinin tonu, güler yüzü, rahat tavırları ve bizi rahatlatan vücut diliyle karşımıza sanki kırk yıllık dostumuzmuş gibi oturmuş; bu mesleğe nasıl başladığını anlatmıştı. Öylesine etkilenmiştim ki; bir ara "Doktor yerine gazeteci mi olsam acaba?" diye düşünmeden edememiştim.

Toplum önünde böylesine rahat konuşabilmek için korkuyu yürekten silmek gerekiyormuş. Ne tür korkular derseniz; saygısız kabul edilip anne ve babanız tarafından susturulma korkusu, hata yapma korkusu, beğenilmeme korkusu, size karşı kişilerin olacağını düşünüp bunlarla nasıl başedeceğiniz bilmeme kaygısı bunlardan birkaçı. Eminim bende olduğu gibi, sizde de bazı korkular var. "Haydi, şu konu hakkındaki fikrini söyle" dedikleri zaman elim ayağım birbirine karışıyormuş gibi oluyor, sesim titriyor. Kalbim de bir yandan küt küt atmaya başlıyor. O zaman hem ne anlatacağımı unutuyorum, hem de başkalarının karşısında verdiğim görüntü olumsuz oluyor. Bu hâlim, doğrusu ya hiç hoşuma gitmiyor. Aslında evdekiler beni hep yüreklendiriyor. Sorun bende demek ki! Yapmam gereken bu korkuyu yenebilmek. Şöyle düşünmeye başlayabiliriz belki de: Bize anne ve babamız niye kızsın ki? Neden konuşma hakkımızı elimizden alıp sustursunlar? Çocuğunun sessiz, pısırık, yanıt vermekten bile aciz, haklarını arayamayan biri olmasını hangi anne-baba ister ki! Ama tabii ki kavga etmeden, bağırıp çağırıp, kaba davranmadan! Görgülü biri gibi davranarak yani... Biz eğer geleceğin liderleri olacaksak; hem her konu hakkında doğru olduğundan emin olduğumuz kendi fikirlerimiz ve hem de onları savunabilme hakkımız ve gücümüz olmalı.

Hem sosyal, hem görgülü
Haklarının ayırdında, bilgili
Korkum olmadan kimseden
Söylerim açıkça doğru bildiğimi...

11. Saygınlık: Geçtiğimiz aylarda bir konferansa katıldı ablam. Daha doğrusu, o konferans için diğer ülkelerden gelen yabancı konuklara rehberlik yaptı; sonra da günlerce onları anlattı durdu. İmrenmedim desem, yalan olur. Bazen Boğaz'da yemeğe gittiler bazen de tekne ile turladılar. Onu da kendilerinden biriymiş, bir uzman profesörmüş gibi aldılar yanlarına. Kimse zaten ben profesörüm, ben şuyum, ben buyum diye tanıtmıyormuş kendisini. Sadece isimlerini ve geldikleri ülkeleri söyleyip sonra "İnsan Saygınlığının Arttırılması ve Küçümsemenin Önlenmesi" çalışmaları grubu içindeki rol ve görevlerini anlatıyorlarmış *(www.humiliationstudies.org)*. Çay servisi yapan garsonu da çağırıp kendisini tanıtmasını istemişler, ablamı ve diğer üç rehber öğrenciyi de...

İnsanları küçümsemenin çok kötü olduğunu ben öncelikle, 'evdeki okulum'da öğrendim. Örneğin annem, arkadaşlarım arasında ayrım yapmamı asla kabul etmez. Kendisi de bu konuda çok özenlidir. Komşularımız için kullandığı dili ve güleryüzü kapıcımız Yaşar Amca için de, temizliğimize gelen Yasemin abla için de, çöpleri alan, suyumuzu getirenler için de kullanır. "Her bireyin eşit ve bir olduğundan!" söz eder babam da sürekli olarak. Bizlere de en önemli öğüdü budur: "Arkadaşlarımız arasında ayrım yapmamamız!" Sonra da ülkemizin son yıllarda yaşamakta olduğu farklı nedenlerle yaşanan bölücü faaliyetleri anlatır bize. Başka ülkelerdeki ayrımcı örneklerden; örneğin zencilere yapılanlardan, İsrail'de yaşananlardan, Afrika'daki ülkelerin sorunlarından örnekler verir. İnsanlarımızı; memleketlerine, gelir düzeylerine, inançlarına veya cinsiyetlerine göre ayrımlaştırmanın ve ötekileştirmenin gelecekte çok zararlı sonuçları olacağını söyler ve bizden asla böyle davranmamamızı ister. Benim bu konuda bir sloganım var:

"Ne beni ötekileştir, ne de sen öteki ol! Ver elini bana n'olur kardeşim ol!"

12. Son İlke de Hindistan'dan Geldi: Sosyal Becerilerin Edinimi

İlkeler üzerindeki çalışmamı tam bitirmişken geçen ay Hindistan'da yapılan bir eğitim konferansına giden komşularımızdan İmge teyze annemi ziyarete geldi. Annemin eski sınıf arkadaşalrından bir eğitimci. Aynı okula beşinci kez gittiğini ve UNESCO Barış Eğitimi Ödüllü okulun onu çok etkilediğini söylemesi ilgimi çekti. Guinness Rekorlar Kitabı'na göre 40 bine yakın öğrencisiyle dünyanın tek bir şehirdeki en büyük okuluymuş, City Montessori School. Aynı bizim Köy Enstitülerimizde olduğu gibi; "Yaparak yaşayarak öğrenme"yi ilke edinen okulun yılda otuzdan fazla uluslar arası konferans düzenliyor olması beni çok şaşırttı doğrusu. Üstelik yetiştirdikleri öğrenciye "Toplam Kalite İnsanı" demeleri de beni havalara zıplattı diyebilirim. Ne şanstı benimki de. Tam da öğrenmek istediklerimi öğrenme şansını yakalamıştım.

İlgimi görünce İmge teyzem o okulun kurucu müdürü Dr. Vineeta Kamran'ın konuşmasını bana özetledi. Ben de sizlere anlatmak istedim.

Dünyadaki son Toplam Kalite yaklaşımlarından biri de nitelikli insan yani Hintli dostların deyimiyle; "Toplam Kalite İnsanı" yetiştirmek için çocuklara çok küçük yaşlardan itibaren "Soft Skills" denilen "Sosyal Beceriler"in kazandırılması imiş. Günümüz eğitim sistemlerinde bu beceriler son derece önemliymiş. Okul yaşamında başarılı olmanın gereklerinden biriymiş ama rekabete dayalı işbirliğine odaklı iş yaşamında da esas değişimi yaratanmış. Sosyolojik bir kavram olarak duygusal zekâyı, kişilik özelliklerini, sosyal zarafeti, iletişimi, dili iyi kullanmayı, alışkanlıkları, dostluğu ve insanlarla ilişkide iyimser yaklaşımı içerirmiş. Bu becerilerin kazanılması insanın dili kullanma becerisine, sosyal, duygusal ve inanç yönlerine odaklanır ve onun "Tam, Bütün, İnsan gibi İnsan" olmasına dedemin deyimiyle "Adam gibi Adam" olmasına yardımcı olurmuş. Dr. Kamran'a göre (2011) en önde gelen 20 sosyal beceri şunlarmış:

1. Empati yani kendimizi başkalarının yerine koyabilme becerisi,
2. Esneklik ve uyum kabiliyeti,
3. Kibarlık ve saygı kurallarına uymak,
4. Tartışma ve Çatışma yönetimi becerisi,
5. Sıcakkanlı, koruyucu bir yaklaşım sahibi olmak,
6. Dinleme becerileri,
7. İletişim becerileri,
8. Etkin zaman yönetimi,
9. Yaratıcı ve yenilikçi düşünebilme yetisi,
10. Sorun çözme becerisi,
11. Dürüstlük ve ahlâki değerler,
12. Olumlu düşünme becerisi,
13. Ekip (İmece) ruhu,
14. Alçak gönüllülük,
15. Bireysel enerjiyi yüksek tutabilme gücü,
16. Hayal kurma yetisi ve kapasitesi,
17. Sağduyulu oluş,

18. Sorumluluk almaya hazır,
19. Sürekli öğrenme ve öğretmeye adanmış,
20. Dış görünüşüne ve temizliğine özen gösteren biri olmak.

Hep büyüklerimin üzerinde durduğu noktalar diye düşündüm. Demek ki Hindistan'da da anne ve babalar bu konulara özen gösteriyormuş. İlginç! Bunun anlamı bence küresel bir köyde yaşıyor olmanız. "Düşüncelerimiz geleceğimizi yaratır", diyerek sözlerini bitirdi İmge öğretmen. Kendisine çok teşekkür ederek yanlarından ayrıldım. Yine bir dolu şey öğrenmiştim. Ne güzel!

Bu bölümden çıkartılacak dersi şiirsel olarak anlatmak istedim:

İLKELER

Ben bireysel kalite ilkelerinin sayısını,
Yediden onikiye çıkarttım.
Kalite bireyi olmam için gereken özellikleri
Böylece çoğalttım.

Sen de yüreciğinle bak olaya;
Ekle veya çıkart maddeleri gönlünce...
Ama lütfen kâğıt üstünde kalmasın;
Hayata geçir, yeşert, sonra paylaş bizimle...

Tam bitti ilkeler derken,
Bir bilsen neler eklendi neler?
Hindistan'dan esti ülkeme
"Soft" yani Sosyal beceriler.

Eminim ki düşünsen eklersin sen de
Kendi yüreğinden farklı ilkeler
Amaç iyi, doğru, bütün insan olmaksa eğer
İnan ki ne eklesen buna değer!

BÖLÜM DÖRT

YOL HARİTASI

Zafer, 'Zafer benimdir' diyebilenin, başarı, 'Başaracağım' diye başlayanın ve 'Başardım' diyebilenindir.

M.K. ATATÜRK

Öğrenilenleri Özümseyip Bireyselleştirme

"Liderlik", "gerçek ortaklık", "sistem odaklılık", "süreç yönelimlilik", "sürekli öğrenme ve gelişmeye adanmışlık", "daha derin bir anlayış ve empati", "herşeyi sevmek ve takdir etmek", "etik", "görgü kuralları", "iletişim becerileri", "saygınlık" ve "Sosyal beceriler"... Son zamanlarda ne kadar çok kavramla tanışmıştım. Ben bu "kalite" olgusunu çok sevmiştim. İnsana çok yakışıyordu. "Umarım herkes de sever." diye düşündüm.

Her ilkeyi bir ayda özümsemek ve sonra yine başa dönmek! Yola koyulup bu ilkeleri uygulamam gerekiyordu ama bunu yapabilmek için daha çok şey öğrenmem gerekiyordu sanırım. Üstelik bunu yalnız başıma da yapmamalıydım. Tüm çevremi bu felsefeyle tanıştırmalıydım; özellikle de arkadaşlarımı! Biz geleceğin büyükleri olarak şimdiden bu ilkeleri uygulamaya başlarsak, büyüyünce daha çok ve çeşitli konularda, daha da ileri gitmiş oluruz, diye düşündüm kendi kendime. İçim kıpır kıpır olmuştu. Kütüphanenin yolunu tuttum. Aradığım kaynak orada olmalıydı.

Kütüphanede görevli olan memurun yanına gittim içeri girince. Sınıfla yaptığımız bir araştırma gezisinde öğretmenimiz kütüphaneyi nasıl kullanabileceğimizi öğretmişti. Nasıl üye olacağımızı, nasıl kitap ödünç alıp geri vereceğimizi, nasıl sessizce davranıp aşırı hareketlerden kaçınacağımızı öğrenmiştik. Kütüphanede çevreyi rahatsız etmemek gerekiyordu, orada bulunanların rahatça okumaları için. Öğretmenimiz, artık internet ile çoğu bilgiye kolayca ulaşıldığını ve kütüphanelerin CD-ROM kullanmaya uygun hale getirilmeye başlandığını söylemişti. Bakanlık tarafından ablam da bazı okullardan başlanarak Tablet Bilgisayar dağıtılmaya karar verildiğini söylemişti. "Bir gün benim de bilgisayarım olursa, ben de internetten araştırma yapacağım." diye kendi kendime konuşurken görevli ne istediğimi sordu.

"Kalite Uygulamaları" ile ilgili bir kitap istiyorum" dedim. "Ne önerirsiniz?"

- Ne hoş! Böylesine küçük bir yaşta kalite ile uğraşmak istemen çok güzel!" dedi kütüphane memuru. "Yalnız senin anlaman biraz zor olabilir. Dili sana uygun bir kitap bulmak lâzım. Genelde bu konuda yazılan kitaplar iş dünyası, sanayi ve işletmelere yönelik. Tamam buldum. Bak, bu kitap sana özellikle eğitimde kalite ile ilgili fikir verebilir (Köksal, 1998:60). Ben senin yerinde olsam misyonun yani görevin, şu an ne yaptığın; vizyonun yani gelecekte nereye ulaşmak istediğin ve de hedeflerin olduğu bölümlerine dikkat ederim. Kendine bir yol çizebilmen açısından iyi olur."

- Siz de bu konuyu biliyorsunuz, ne güzel! diye yanıtlayınca aldığım cevap şaşırtıcıydı.

- Biliyor musun İngiltere'de kalite ile ilk çalışmaların kütüphanelerde başladığını duymuştum. Belki bu konuda da bir şeyler öğrenirsin. O zaman benimle gel paylaş, olur mu?

Çok mutlu olmuştum gördüğüm ilgiye. Teşekkür edip kitapları aldım ve bir masaya oturarak incelemeye başladım. Evet, hoşuma gitmişti okuduklarım. Örnekler babamın verdiği sanayi veya üretim ile ilgili değil, benim yaşadığım okul, ev ve çevre ile ilgiliydi. Kitapları ödünç alma işlemlerini gerçekleştirdikten sonra eve döndüm. Kendime ödev vermiştim: Kitapları oku; anla; anlamadıklarını ablana, babana ve öğretmenine sor ve daha sonra araştırmalarına devam et.

Misyon ve Vizyonum

Okuduklarım beni çok etkilemişti. Hayatta başarılı olmak için kendimize bir yol çizmemiz gerektiğini öğrenmiştim. Vizyon, misyon, değer ve hedefin ne anlama geldiğini öğrenmiştim:

Vizyon; kurumun veya kişinin hedeflediği amacıdır ve ne için çalışıldığını yansıtır. Vizyon cümlesi kısa ve dolaysız olmalı, kurumun veya bireyin kesin hedefini işaret etmelidir. Amerika'daki Disneyland'in vizyonunun; "Biz mutluluk yaratıyoruz!" olduğunu öğrendiğimde, oraya gidip Walt Disney dünyasını yaşayabilmek için sonsuz bir özlem duydum birden (Sallis: 1996:207).

Misyon ise vizyonla çok ilişkili olup, içinde bulunulan an ve gelecek günler için belirli bir yön çizer ve diğerlerinden farkını belirtir. Örneğin; "Okulumuz, öğrencilerimize mümkün olan en üst düzeyde eğitim vermeyi amaçlıyor (Köksal, 1998)."

Değerler, misyon ve vizyonu gerçekleştirmek amacıyla temel edinilen ilkelerdir(Sallis, 1996). Bir okul, değerlerini şöyle sıralayabilir:

» Bizim için önce öğrencilerimiz gelir.

» Sürekli gelişimde kararlıyız.

» Herkes için fırsat eşitliğini garanti ediyoruz.

» Ekip çalışması yapıyoruz.

Misyon, vizyon ve değerlerin oluşturulmasından sonraki adım bunların ölçülebilir amaçlara çevrilmesiymiş. Ölçmeden başarılı olup olmadığımızı anlamak mümkün değil, bunu hepimiz biliyoruz. Okullarda arzulanan hedeflerin belirlenmesi, buna göre yeni çalışmaların yapılması, misyon ve vizyonun zaman zaman gözden geçirilmesini sağlarmış (Cafoğlu, 1996:50). Zaten sonsuz yolculuğun da bir anlamı bu değil mi? Zaman ilerledikçe hedefin kontrol edilmesi ve hedefe ulaşmak için yeni bir rota belirlenmesi, yoldan çıkmayı engellermiş.

Derin düşüncelere dalmıştım ki babamın sesiyle kendime geldim:

- Hayrola, nerelerdesin?

- Aaa babam gelmiş! Babacığım, kendime misyon, vizyon oluşturabilir miyim? Yani benim de bir misyonum, vizyonum, hedefim olmalı, değil mi?

- Ooo, işi ilerletmişsin. Tabii ki. Peki, bu kelimelerin anlamını biliyor musun?

"Evet!" dedim gururla. "Biliyorsunuz ben ilerde doktor olmak istiyorum. Hem de araştırmacı bir doktor. Büyükbabamın kanserden ölümü beni çok üzdü. Ayrıca her gün etrafımızda bir dolu kanser olayı duyuyoruz. Bu, asrın vebası denilen hastalığa bir çözüm bulmak isterim. O nedenle, misyon ve vizyonumu buna göre hazırlamak isterim. "Peki, sen çalış bakalım biraz." dedi babam. "Benim de çalışmam lâzım. Sonra yazdıklarına bakarım, olur mu?

"Tamam." dedim istekle ve kaleme sarıldım. Yazdıklarımı önce sizinle paylaşmak istiyorum.

MİSYONUM:

Doktor olma isteğimi hep aklımda tutarak okuldaki çalışmalarıma öncelik verecek, bulabildiğim her kaynağı okuyarak, insan ve insan yapısı ile ilgili bilimler konusunda mümkün olduğunca çok şey öğreneceğim. Öğretmenlerim, ailem ve yakınlarımın rehberliğinde öğrenmeyi ve bilgi birikimi edinmeyi en üst düzeyde geliştirmeye çalışacağım. Böylece, eğitim aldığım sınıfa ilişkin bilgileri en iyi şekilde özümseyerek, beni mesleğe ve yaşama hazırlayacak üniversite eğitimim için hazır hâle geleceğim.

VİZYONUM:

Gelecek İçin: *İnsanların daha sağlıklı ve mutlu bir yaşam sürdürebilmesi için kansere çare bulacak, çok başarılı bir bilim adamı olacağım.*

Şu An İçin: *Gelecekte iyi bir bilim adamı olabilmek için temel oluşturmaya çalışan ve gitgide daha başarılı olan bir öğrenciyim.*

HEDEFİM:

Vizyonumu gerçekleştirebilmek ve öğrenmek zorunda olduklarım için olanaklar yaratmam gerektiğini biliyorum. Bunun için de yeteneklerimi, zaman ve enerjimi sürekli bu konuya yönlendireceğim (Bonstingl, 2001).

Bu iş hoşuma gitmişti. Koşup babama gösterdim. Neyse ki o da işini bitirmiş, bana zaman ayırabilecek duruma gelmişti. Yazdıklarım onu hem çok mutlu etti, hem de duygulandırdı. Hele söyledikleri beni havalara uçurmaya yetti:

- Biliyor musun, bu cümleleri kendileri için yazamayıp başka kurumlardan kopya çeken üst yöneticiler var. Herkesin bu bilince ulaşması ne yazık ki kolay değil. Seninle gurur duyuyorum yavrum. Aferin!.

Birden aklıma bu cümlelerin benim için ne kadar süre geçerli olacağı geldi. Yine koşup babama sormayı düşündüm bir an sonra da yanıtımı bildiğime inanarak durdum. Sanırım arada bir misyon ve vizyon cümlelerimi gözden geçirmeli, gerekli iyileştirmeleri ve değişiklikleri yapmalıydım. PUKÖ döngüsü de bunu böyle yapmamı fısıldıyordu bana.

"Değişim Yöneticisi olan insanlar başarılı olurlar." diyordu geçenlerde bir uzman televizyondaki konuşmasında. Yenilikçi olmanın ilk koşulu değişimi yönetebilmekmiş. Yenilik gün gelir eskirmiş de, yenilikçilik her zaman insanı güncel tutarmış (Köksal, 2005).

Bunları düşünürken balkondan ablamın sesini duydum. Gelecek dönem "Yenilikçi Beyinler" dersini seçmeyi düşündüğünü söylüyordu. Derste farklı düşünmeyi, yenilikçi anlayışta olup yenilik yapmayı projelere dayalı olarak öğreneceklerini anlatıyordu ki... jet hızıyla yanına koştum:

- Anlat, haydi anlat, ablacığım. Neymiş yenilikçilik?

- Eski köye yeni adet getirmek, diye kıkırdadı annem.

Ablam da onunla birlikte gülmeye başlayınca; "Benimle dalga geçmeyin ama. Ben öğrenmeye çalışıyorum." diyordum ki içerden babamın hafiften alaycı sesi duyuldu:

- Benim kalite gönüllüsü yavrumu kızdırmayın bakalım. O geleceğin 'İnovasyon dâhisi' olacak.

- O da neymiş babacığım?

- "Yenilikçilik" kelimesi dururken yerine İngilizce karşılığının kullanıldığı, dilimize bir darbe daha vuruşun başka bir örneği!

Hımmm, ortada benim anlamadığım bir hava estiğini hissettim. Babama bir öpücük verip hızla odama yöneldim. Sanırım bu kavramları öğrenmem için daha çok zamanım vardı.

Ülkemde Esen Değişim Rüzgârları

Ertesi sabah, sofrada babama şöyle bir soru yönelttim:

- Babacığım, 'Sürekli Kalite İyileştirme' çalışmalarıyla ilgili olarak son zamanlarda epey bilgi edindim. Sence bu felsefeyi tüm yurdumuza ve yurdumuzda yaşayan her bireyin yaşamına yerleştiremez miyiz? Herkes bireysel kalite geliştirme yollarını kendine uygulasa hem kendini geliştirmiş olur, hem çevresiyle iyi ilişkiler kurarak sistemleri iyileştirir ve hem de yaşam boyu gelişimini, ilerlemesini sürdürmüş olur. Sence bu hızlı kalkınmanın önemli bir adımı değil mi?

- Ooo, bak bak, bak, bak! Bizim ufaklık nelere kafa yoruyor! Haklısın canım. Çok ileri bir düşünce sistemi değil mi? Ama korkarım ki; Kalite iyileştirme çalışması bazen bilinçsiz ve kâr amaçlı kesimler tarafından felsefe özümsenmeden, çala kalem yapılan bir kurallar ve çizelgeler yığınına dönüştürülmeye çalışılıyor. Bazen işin içinde dış baskı izleri veya politik kaygılar aranıyor. Bazen "kalite"den söz eden kurumlarda "kalitesizlik" ve sevgisizliğin egemen kavramlar olduğunu hissediyor ve kalite kavramından soğuyorsun. Kalite kelimesinin içi hızla boşaltılıyor. Özünde "Önce tüm insanlar ve onların mutluluğu" anlayışı yatan bu yaşam şekli, farklı tanıtılmaya ve tanınmaya başlıyor. Bu nedenle bazı uzmanlar 'Toplam Kalite (TK)' yerine artık 'Sürekli Kalite İyileştirme Süreci' diyorlar. Aslında isminde anlaşılacağı gibi; Topyekün bir nitelik iyileştirme anlayışı bu. Şu ya da bu –izm'in anlayışı diye bakmamak lazım olaya. Her yeni yaklaşımın artıları da deltaları da (geliştirmeye açık alanları) olacaktır. Önemli olan onu gelişim ve ilerleme yolunda kendi kültür ve hedeflerimize uyarlayabilmek, bir anlamda "bizleştirmek".

Neyse, sen kendini geliştirmek için daha çok şey öğrenmeye çalış, bunları düşünme. Umarım kalite iyileştirme çalışmaları, konuyu çok iyi bilen kişilerin elinde bir sevgi dalgası gibi her kesimi sarar ve bizler de bencillikten uzak, gelişime odaklı bu düşünce sistemiyle tekrar öz değerlerimize sahip çıkmayı öğreniriz. Çünkü biliyoruz ki; "Kalite aslında insan olarak her birimizin özünde var ve bunu paylaşmaktan güç doğar (Aristotle)."

"Babacığım, şair gibi konuştun." dedim gülerek. O sırada annem söze karıştı;

- Biliyor musun yavrum, Millî Eğitim Bakanlığı aslında "Eğitimde Kalite İyileştirme" çalışmalarına destek veriyor (Tebliğler Dergisi, Kasım 1999). Tüm eğitim kurumlarında 1999 yılı Kasım ayından başlayarak tüm idareci ve öğretmenlere, 'Kalite' uygulamasına geçilmesi için seminer ve eğitimler verildi. Sanırım bölge bölge bu eğitimler hâlâ tekrarlanıyor. İlçe Milli Eğitim Müdürlüklerine bağlı TKY birimleri ve her okulda kalite sorumlusu öğretmenler var. Bu çalışmalar başladığında çok ümitlenmiş ve olumlu bir virüs gibi yurdumuzun her yönüne, her okuluna doğru yayılacağını ve doğru anlatımlarla doğru ve hızlı adımlar atılacağını düşünmüştük. Ama ne yazık ki; öyle olmadı.

- Aaa neden anneciğim? Çok üzüldüm ben şimdi.

- Bazı okul yöneticileri bunu tepeden inme, modası geçecek bir uygulama ve sayfalar dolusu evrak yükü olarak algıladı. Aslında belki de bunu onlara anlatan sözde uzmanlar (!) buna neden oldu. Şimdi "Okullarda Toplam Kalite" çalışması denilince geri kaçan, bu felsefe hakkında olumsuz konuşan bir sürü idareci ve öğretmen var. Tersi de var tabii ki ama sana şunu söyleyeyim: 1998-2004 yılları arasında %10'luk bir öğretmen ve idareci kitlesi kalite uygulamalarına olumsuz bakarken; geçtiğimiz yıl Şubat ayında 115, Haziran ayında 90 öğretmenle yapılan bir seminer sonrası uygulanan ankette sonuç %35 gibi yüksek bir oranda tepkiler olduğu saptanmış (Köksal, 2009, 2011).

Aslında kalite çalışmalarının yan ürünleri olan "Liderlik", "Proje-temelli ve aktif öğrenme", "Ürün dosyası yönetimi", "Eğitimde Bilişim Teknolojilerinin (BT) yaygın kullanımı" ve "Değerlendirme Ölçekleri (Rubrikler)" gibi çağdaş eğitim uygulamaları hızla okullarımızda yaygınlaşıyor. Aslında tüm bunlar kalite iyileştirmenin adımları. Yanlış yönlendirme ve önyargılardan kurtulup olaylara tarafsız bakmak zorundayız. Önemli olan yapılan çalışmaların art niyetlerle değil; doğru yaklaşımlar, etik anlayış ve çağdaş yapılanmalar amacıyla kullanılması. Eğitim politikalarını belirleyen kişiler ve Bakanlığın üst yöneticileri de bu kavramları doğru algılayıp doğru uygulamak zorundalar. Yurt dışında bu yöntemle çalışmalar yapan ülkeler; düşünen, sorgulayan ve sorun çözen vatandaşlar yetiştirme konusunda "Eğitimde Toplam Kalite" ve "Öğrenci Kalite Halkaları" yöntemini benimsemiş durumda. Örneğin; Hindistan, Nepal ve Japonya. İngiltere ve diğer Avrupa ülkelerinde de bu konuda yeni uyanışlar olduğunu görmekteyiz. Geçtiğimiz günlerde Kingston Üniversitesi'nde gerçekleştirilen bir çalışma ile "Sosyal Kalite Halkaları" adı ile yeni imece halkaları doğdu. Ayrıca 68 kuşağından olan yetişkinler de "Yetişkin Kalite Halkaları" çalışması içinde yer alarak ülkelerindeki kalite çalışmalarına destek olmaya başladı (Köksal ve Ennals, 2011).

"Yaşasın!" diye bağırdım coşkuyla. "Bunun çok iyi bir şey olduğunu anlamıştım. Bizim okula da gelir umarım."

"Dur bakalım, biraz yavaş!" dedi annem. "Bu iş hemen öyle çarşıdan elma alır gibi halledilmiyor. *"Biz kalite uyguluyoruz. Bugün başladık, yarın kaliteli olacağız."* diye düşünülmemesi gerekiyor. Bir kere, senelerin birikimi olan yanlış uygulamaların ve davranışların değiştirilmesi zaman alır. Öncelikle felsefeyi özümsemek ve özümsetmek şart! Bazen de "ödül" kreması altında ekşimiş bir pasta ile karşılaşıyorsun."

"Annen çok haklı!" diye atıldı babam. "Felsefenin oturması aylar, hatta yıllar alır. Ortaya konan ödüller için hazırlanmak demek; aslında her kurumun kendi 'yol haritası'" doğrultusunda yıllarca emek vermesi demek. Yaldızla kaplanmış çürükler bir süre sonra boyanın dökülmesiyle ortaya çıkıyor. Sorun alanlarında köklü değişim şart. Sadece kısa süreli, hatayı giderici ve iyileştirici (reaktif) adımlar yerine olayın ortaya çıkmaması için önleyici (proaktif) adımlar atılması gerek. Bir arkadaşım kalite yaklaşımında verim almak yani "çiçek açmak" için en az üç ile beş yıl emek vermek gerektiğini söylemişti. Alışkanlıkları bırakmak kolay değil. Bunun için çok okumak, bu konudaki yayınları taramak, kıyaslama yapmak ve kendini ve(ya) kurumunu derinlemesine tanıyıp değerlendirmek gerekiyor. Tüm paydaşların ve birincil olanların doğru belirlenip, eğitilip, eyleme geçirilmesi doğal olarak uzun süren işler. Özellikle çok geniş bir coğrafyaya yayılmış, yetmiş bine yakın okulun olduğu ülkemizde kalite uygulamalarını tüm kurumlara yaymak gerçekten çok zor bir iş. Yetkilileri bu konuda kutlamak gerekiyor, çağdaş bir eğitim için son derece gerekli ama bir o kadar da zor olan bir değişimi başlatma kararı aldıkları için.

- Yurdumu, insanımı, çevremi ve dünyamı çok seviyorum: Okuyup öğrenmeyi ve çalışmayı da. Olumlu değişim ve sürekli gelişim için üstüme düşen her şeyi yapmaya hazırım.

Babam saçlarımı okşayarak;

- Aferin benim yavruma! Senden beklediğimiz de bu işte, dedi.

O sırada annem 21. yüzyılın yaşam ve iş koşullarına ayak uydurup başarılı olabilecek gençlerin yetiştirilmesi için Bakanlığın belirlemiş olduğu üç ana hedeften söz etti. Bizlerin iyi birer vatandaş ve başarılı bireyler olabilmemiz için eğitim programlarında temel kabul edilen üç hedef varmış (Cordan, 1998). Öyle üç hedef ki "evrensel uygarlık" ile birleşme yolunda Türkiye'nin dünyayla kucaklaşmasını sağlayacak olan bireyleri yetiştirecek:

1. Kendi millî değerlerini davranış haline getirmiş, *kendi ile barışık*

2. Toplum değerlerini benimsemiş, *toplumla barışık*

3. Çağdaş dünyanın uygarlık değerlerini benimsemiş, *dünya ile barışık birey ve vatandaş yetiştirmek.*

Çok hoşuma gitmişti bu hedefler ve de çok gururlanmıştım doğrusu. Benim geleceğim için düşünüp uğraşan, didinen bunca kişinin olması ne hoştu. Bana düşen ise sürekli düşünüp sorgulayarak, inceleyip araştırarak, yaratıcılığımı da içine katarak var olan durumu daha da ileriye götürmekti: Tıpkı bir bayrak yarışı gibi. Bu arada odaya giren ablam ise şu yorumu yaptı:

- Annemin çok güzel bir şekilde sıraladığı bu hedeflerin sonuçta odaklandığı nokta, bence belirli niteliklere sahip kişilerin yetiştirilmesidir. Nedir onlar?

» İyi insan olmak,

» Doğru ve dürüst olmak,

» Sevgi dolu olmak; canlı-cansız tüm varlıklar için,

» Hoşgörü sahibi olmak, başkalarına duygudaşlık (empati) ile yaklaşabilmek! Özellikle farklı ülkelerdeki farklı kültürlerdeki bireylere...

» Görev duygusu taşıyan, çalışkan biri olmak,

» Mesleğinde profesyonel olmak; ama bunu amatör bir ruhla, yani ilk günün heyecanını ve aşkını taşıyarak yapmak,

» Alçak gönüllü olmak, öğünüp durmak yerine bunu senin adına yapmak üzere başkalarına bırakmak,

» İçten ve özverili olmak,

» Sabırlı olmak, doğrularında direnme yürekliliğini taşımak,

» Dayanışma ve yardımlaşmaya açık ve hazır biri olmak,

» Onurlu olmak,

» Kimseyi farklılıklarından dolayı ötelememek, küçümsememek ve aşağılamamak,

» Değerlerine ve sevdiklerine sadık olmak."

Bu özelliklere sahip bireylerden oluşan güçlü ve üstün bir toplumun mutsuz ve yenik olması düşünülemez. Bu ilkeler Hindistan'daki Dr. Kamran'ın "Sosyal Becerileri"ne de çok benziyordu. "Kazanmamız gereken ne çok nitelik var!" diye düşünürken şu dizeler beliriverdi aklımda:

Yolum çok uzundu
Amacım ise pek kutlu
Ve sonuçta, getirisi mutlu
Nasıl olmazdım ki umutlu?

BÖLÜM BEŞ

YAYGINLAŞTIRMA

En önemli ve verimli vazifelerimiz milli eğitim işleridir. Milli eğitim işlerinde kesinlikle zafere ulaşmak lâzımdır. Bir milletin gerçek kurtuluşu ancak bu şekilde olur. Bu zaferin sağlanması için hepimizin tek vücut ve tek düşünce olarak esaslı bir program üzerinde çalışması lâzımdır. Bence bu programın iki esaslı noktası vardır: Sosyal hayatımızın ihtiyaçlarına uygun olması ve Çağın gereklerine uymasıdır.

M.K. ATATÜRK

Okulda Kalite

Ertesi sabah büyük bir heyecanla okula giderken, en yakın arkadaşım Başak son zamanlarda bende bir değişiklik fark ettiğini, sebebinin ne olduğunu merak ettiğini söyledi.

"Kalite." dedim.

"Ne kalitesi?" diye sordu şaşkınlıkla.

"Kalite canım, sürekli ve topyekün kalite!"

"Ne demek şimdi bu?"

Büyük bir hevesle anlatmaya başlayacaktım ki öğretmenimizin bizi çağıran sesini duyduk. Koşarak sıraya girdik. Önce müdürümüzün o gün okulumuzda yapılacak bir söyleşi ile ilgili sözlerini dinledik. Daha sonra da dönüşümlü olarak her gün bir arkadaşımızın yönettiği "And"ımızı söylemeye başladık. Birden içimden bir ses, sözlerine daha özen göstererek okumam gerektiğini söyledi. İç sesime uydum:

"Türk'üm; doğruyum; çalışkanım. Yasam: Küçüklerimi korumak, büyüklerimi saymak, yurdumu, milletimi özümden çok sevmektir. Ülküm; yükselmek, ileri gitmektir. Varlığım, Türk varlığına armağan olsun."

Ne güzel sözlerdi bunlar! Ablamın iyi insan, iyi vatandaş olmamız için gerekli gördüğü özelliklere ne çok benziyordu! Doğru ve dürüst bir insan olmak, çalışkan olmak, bizden zayıf ve küçük olanları korumak, büyüklerimize saygı ve sevgi göstermek. Üstünde yaşadığımız vatan parçasına sahip çıkıp onu korumak, çevreci yaklaşımlarla ormanlarımızı, deniz ve nehirlerimizi korumak. Ülkemin insanını oluşturan ve babamın "kırk farklı renk ve şekildeki mozaik" benzetmesi yaptığı; yüzyıllardır büyük bir uyum içinde birlikte, kardeşçe yaşayan insanlarımı sevmek. Kendimize "liderlik" ederek "sürekli gelişme ve ilerleme" yolunda çalışmalarımıza devam etmek. Bunu da son derece kutsal değerler olan ülkem, bayrağım, değerlerim, inançlarım, atalarım-Atatürk'üm adına, aydınlık geleceğim için yapmak.

Bu düşüncelerimi mutlaka Başak ve diğer arkadaşlarımla paylaşmalıydım; paylaştım da... Sonra da koşarak öğretmenime gittim. Üstüme düşeni öğrenmeliydim kalite konusunda. Ondan aldığım yanıt kocaman bir ödüldü benim için. Okul Gelişiminin Yönetimi (OGYE) için bir kurulda görevli olan öğretmenim de kalite çalışmalarının içindeydi ve çok yakında bu konuda çalışmalar yapan bir Merkez'in (www.kaliteokullari. com) "İmece Halkaları" çalışmalarının içinde, sınıfça olacağımızı söyledi. Kaliteye olan ilgim nedeniyle de öğrenci lideri olarak yanında yer almamı istedi. Dünyalar benim olmuştu. "İmece Halkaları"! Dedemden duyduğum kadarıyla 'İmece'; bir işi birlikte kotarmak demekti. Herkes elinden geleni ortaya koyuyor ve o toplumda desteğe, yardıma gereksinimi olan kişilerin işleri el birliğiyle herkesin kendince katkısıyla tamamlanıyordu. Topyekün bir çalışma olacağına göre kesin kalite ile ilgili diye düşündüm ve daha çok heyecanlandım.

Sınıfta öğretmenimiz projeyi uzun uzun anlattı bize. Uygulamakta olduğumuz Program için son derece yararlı ve eğlenceli bir yöntem olduğunu, gerektiğinde teknoloji desteğini yanımıza alacağımızı ve evden de mutlaka desteklenmemiz gerektiğini söyledi. Özellikle Sosyal Bilgiler ve Fen ve Teknoloji dersindeki temalara bağlı olarak belirleyeceğimiz sorun alanlarını ülkemiz/ilimiz/ilçemiz koşullarını göze alarak irdelememizi ve bunu yaparken de kalite döngüsünü kullanacağımızı söylemesi üzerine, hemen atıldım: "PUKÖ Döngüsü mü öğretmenim?". Tüm sınıfla beraber öğretmenin de şaşırmıştı. Benden döngüyü arkadaşlarıma açıklamamı istedi. Bu bilgilendirmenin ardından kocaman bir "Aferin" daha aldım.

Hemen işe koyulup Sosyal bilgiler dersinden belirlediğimiz sorun alanları konusunda 8 tane "İmece Halkası" oluşturduk. Hangi halkaların içinde kimin yer alacağı konusunu öğretmenimiz isteğimize bırakarak gayet demokratik bir şekilde halletti. Sonraki adım internet ve kütüphane taramaları ile konular hakkında bilgi toplamak; beyin fırtınası, önceliklendirme çalışması, balık kılçığı, 5 N - 1K (Ne, neden, nasıl, ne, zaman, nerede ve kim?) gibi "Kalite araçları" ile sorunun nedenlerine inip çözüm yollarını tartışmak ve çözüm stratejilerini ortaya koymaktı. Teknoloji desteğini almak, tepegöz, bilgisayar veya projektör gibi araçları kullanmak demekti ki; onlar biz öğrencilerin kullanmaya en çok can attığı araçlardı okulda. Aramızda kalsın ama ablamın ardından ben de, sene sonunda sınıf geçme hediyesi olarak bir bilgisayar bekliyordum ailemden. İnşallah babamın işleri yolunda giderdi de; benim de kendime ait bir bilgisayarım olurdu... Okulumuzda geçen ay bir Teknoloji Sınıfı açılmıştı ama henüz kullanma sırası bizim sınıfa gelmemişti. Demek ki bu proje o sınıfın kapılarını bize de açacaktı. Oh, ne güzel!

Sonraki işimiz ise geliştirdiğimiz çözüm yollarını denemeye, yani pilot çalışmalarla uygulamaya sokmakmış. Daha sonra da; anket-röportaj ve gözlem gibi bilimsel yöntemlerle geri bildirim alacakmışız. Bize biraz zor geldi ama bu programın içinde daha çok yaparak-yaşayarak öğrendiğimizi gözlüyor, için için çok mutlu oluyorum. Neden derseniz; öğretmenim de çok güzel ders anlatıyor ama kendi araştırıp bulduğumuz ve sunduğumuz konularda daha çok şeyi daha kolay öğreniyorum diye düşünüyorum. Hem çok da eğleniyoruz o zaman. Hep okulda kalmak istiyorum, daha çok şey öğrenmek istiyorum. İçim kıpır kıpır oluyor. Kendimi çok mutlu hissediyorum. Hele bir de yaptıklarımızı evde gidip anlattığımda aldığım alkış yok mu, dünyalara bedel doğrusu! Haa bu arada sizinle bir sırrımı da paylaşmak istiyorum: Böyle günlerde kendi kendimi alkışlıyorum. Kendimi seviyor ve kendimle gurur duyuyorum. Ben iyi bir evlat ve başarılı bir öğrenciyim. Gelecekte aydın ve bilge bir insan olmak en büyük amacım. Öğretmenimin her zaman söylediği gibi ben Atatürkçe düşünen ve onun gibi olmak için çaba gösteren bir Atatürk genciyim. Her sabah oturma odamızın altta fotoğrafı görülen duvarının önünden gururla geçiyorum. Bize seslenen ve vatanımızı bize emanet eden Ata'mızın o eğitici ve uyarıcı sözleri her zaman aklımda.

Milli Eğitim programımızın, Milli Eğitim sistemimizin temel taşı, cahilliğin yok edilmesidir.

Cahillik yol edilmedikçe, yerimizde sayarız. Yerinde duran bir şey ise geriye gidiyor, demektir. Bir taraftan genel olan cahilliği yok etmeye çalışmakla beraber, diğer taraftan toplumsal yaşamda bizzat faal ve faydalı, verimli elemanlar yetiştirmek lâzımdır. Bu da ilk ve orta öğretimin uygulamalı bir şekilde olması ile mümkündür. Ancak bu sayede toplumlar iş adamlarına, sanatkârlarına sahip olur. Elbette milli dehamızı geliştirmek, hislerimizi lâyık olduğu dereceye çıkarmak için yüksek meslek sahiplerini de yetiştireceğiz. Çocuklarımızı da aynı öğretim derecelerinden geçirerek yetiştireceğiz.

1922, M.K. ATATÜRK

BÖLÜM ALTI

ÇEKİRDEKTEN YETİŞTİRME

İlk ilham, ana baba kucağından sonra okuldaki öğretmenin dilinden, vicdanından, terbiyesinden alınır.

M.K. ATATÜRK

İçimdeki Çocuk Dile Geldi

Küçük dostumuzun yazdıklarını burada kesme gereği duydum. Birden 'içimdeki çocuk' ortaya çıkıp paylaşımda bulunmak istedi. Bana hatırlatmaları olacakmış yıllar öncesinden ama önce bir şiir okumak istedi. Ben de kıramadım onu. Üstelik sizinle de paylaşayım dedim. Bu arada bundan sonraki bölüm Okullarımızda 2005 yılından itibaren uygulanmakta olan eğitim programlarıyla ilgili. Genç, öğrenci dostlarımızın yanısıra anne, baba, öğretmen ve diğer aile büyüklerinin de okuması bilgilenmek adına önemli.

İÇİMDEKİ ÇOCUK

İçimizde saklı durur
Çocukluğun büyülü yanları,
İstemesek de örter zaman,
Mazi'nin kucağında uyuyan binlerce anıyı.
Deme ki: Söylenmez; zannetme ki: Unutulur!
Elde değil, belki perdelenir, sis'e gömülür, ancak;
Kesinlikle silinmez!
İstiyorsan eğer,

Çocukça mutlu ve üretken olup
Onun gözüyle görmek evreni;
Canın sıkıldıkça çağır onu.
Umutla sarıl, oyna ve paylaş geçmişi ve ân'ı
Kesinlikle bence budur yaşlanmanın ilacı: Sakın ola büyütme içindeki afacanı!

Hayal Köksal, *25 Ocak 2006*

Annemle Babam Esin Kaynağım Oldu

Geri döndüm bir anda bu satırlarla; dört yaşıma_ Bingöl'ün Karlıova'sına. Metrelerce karın altında kalmış, 700 nüfuslu o zamanın nahiyesinde oynayacak arkadaşı olmayan 'ben'i hiç yalnız bırakmayan, içlerindeki çocukları benimle arkadaş yapan annemle babama...

Eğitimim, yaratıcılığım, sosyalleşmem, paylaşım ve iletişim becerilerimin geri kalmaması adına yaptıkları geldi aklıma bir bir... Dört yaşın meraklı soruları ile masa altındaki minik portakal sandıklarını evimizin odaları yapıp benimle evcilik oynayan annemi, bezden diktiği Zeynep bebeğimi ve sandıktan yapılmış bebek evimin döşenmiş odalarını özledim birden. Komşu gezmeleri yerine benimle evcilik oynayan annemin zaman zaman minik masamızdaki sofra düzeni, peçete katlama sanatı ve yemek yeme kuralları gibi aktarımları nasıl da keyifle yerleşmişti içime, oyun oynayarak öğrendiğim için! Şu an bile; lâle biçimi veririm peçetelere, yemek masasına koyarken... Aynen annemden öğrendiğim gibi!

Sonra, babamın iş dönüşü yorgun argın haline bakmaksızın, şevkle ve keyifle okuma-yazma öğretme çabaları gelir aklıma. Tüm canlılığıyla evde tam gün kapalı kalan, enerjisi birikmiş o minik çocuğu düşünsenize... İki haftada sökmüştüm okuyup yazmayı. Daha önce iki yıl sınıf öğretmenliği de yapmış olan babacığım, ses temelli sistemiyle, okumayı büyük bir zevk edinmemi sağlayıvermişti kısa zamanda. Ondan sonra da "Postacı amca" bana paket paket kitap taşımıştı canım anneannemin bana Balıkesir'den gönderdiği. Çizmeli Kedi'den Pamuk Prenses'e kadar birçok hayâli arkadaşım oluvermişlerdi satırlardan zıplayıp yanıma gelen.

Sanal matematik, uzay geometrisi ve yön çalışması yaptırmışlardı bana, sabahları beni yatakta aralarına alarak. Ne büyük bir keyifti Allah'ım: Bir yanımda annem, bir yanımda babam. Ellerim havada, babamın talimatlarıyla havada bir şeyler çizmeyi merakla bekleyen "Ben". Uzay geometri çalışmaları yaptığımızı çok sonraları fark ettim.

"Söyle bakalım Hayal, gözlerinin önüne getirmeye çalış. Evimizin dış kapısından içeri girerken, kapı ne tarafa açılıyor? Girince sağda hangi oda var? O odanın kapısı ne tarafa açılıyor? Pencere nerede? Kaç pencere var? Perdeler? Eşyalar... Nerede ne var? Kaç pencere oldu toplamda? ... ve daha niceleri. Halı üstünde karnımın altında yastıkla yüzme taliminden tutun da yan görüş açımı genişletebilmek için her akşam masa başında yapılan en geniş açıyla görme uygulamalarına kadar. Şimdi hâlâ hayâli çok geniş bir çocuk var içimde: Onların ve daha sonra benim için birer büyük şans olan öğretmenlerimin, büyüklerimin, küçüklerimin ve arkadaşlarımın katkılarıyla gelişmiş. Geriye dönüp baktığımda büyüklerimin gelişimim için harcadıkları çok özel çabaları görüyorum. Her anne baba elinden gelenin en iyisini yapmak ister kuşkusuz. Ama içindeki çocukları da artık birer yetişkin yapmış, diğer bir deyişle "unu eleyip eleği duvara asmış" olduğunu düşünenlerin ve içlerindeki çocuğa kulak vermeyenlerin yavrularının işi biraz zor galiba; ne dersiniz?

Ya "Okulumuzdaki Ev" Anlayışı?

2004-2005 Eğitim-Öğretim yılında çeşitli okullarda pilot çalışması yürütülen ve sonraki yılda da (2005-2006) tüm ilköğretim okullarında uygulanmaya başlayan "İlköğretim Programı" konusunda düşündüklerimi, yürütülen araştırma sonuçlarını ve konuyla ilgili yapılan görüşme sonuçlarını biraz eskimiş de olsa sizlerle paylaşmak istiyorum. Bu programda esas hedefin; çocuklara evlerindeymişçesine rahat ve korkudan uzak bir ortam sunarak, onların yaratıcılıklarını geliştirmek, işbirliğini pekiştirmek ve sevgi-saygı-hoşgörü anlayışına odaklı bir çalışma ortamı kurmak olduğuna inanıyorum.

Sanıyorum ki; iyi niyetle başlayan ve köklü bir değişim amacıyla girişilen bu çabada öğretmenin ve ailelerin uyanık, ilerici, çağdaş, araştırmacı birer kalite gönüllüsü olması çok önemli. Ev yani veli desteği en az okul ve öğretmen ikilisi kadar önemli, hatta diyebilirim ki; ev, okulun önemli bir parçası. Evlerin fiziksel anlamdan öte eğitici ve yol gösterici anlamda bir okul olarak düşünülmesi ve yapılandırılması içinde bulunduğumuz çağda son derece önemli. Proje-temelli kurgulanan son program çocuğun okulda başlayan planlarını eve ve diğer mekânlara da taşımasını gerektiriyor. Eğer ufku geniş, yaratıcı ve yenilikçi gençler yetiştirmek istiyorsak; özünde aktif öğrenmeyi temel alan bu programı gereğince işleyebilecek öğretmenlere ve onlara destek verecek anne ve babalara gereksinim olacak. Tabii ki; projeleri kendileri yapmaya çalışmayan; çocuklarına ortam sağlayıp destek vermeyi amaçlayan, bu görüşü benimseyen anne ve babalara...

Bugüne kadar ne çektiysek "ezberci" yaklaşımlardan çektik. Düşünen, sorgulayan irdeleyen, çözümün bir parçası olan bireyler yetiştirmek istiyorsak; yıllar önce "Aydınlanma'nın Çiçekleri" olarak bozkırları yeşertmeye hazır olan bir sistemin çalışma yöntemini izlemeliyiz. İmece ile takım ruhunu; teknolojinin etkin kullanımı ile iletişim becerilerini, kültürler arası farklılıkları tanımayı ve hoş görmeyi, aktif öğrenme ile çok yönlü düşünmeyi ve sorun çözme becerilerini kazandırmalıyız çocuklarımıza; kız erkek, zengin yoksul, batılı doğulu farklılığını hissettirmeden! Okumayı sevdirmeliyiz. Müzik zevklerini iyileştirmeliyiz. Klasik Müzik, Türk Sanat Müziği, Caz, Rock ve Blues yanında güzel Türk Halk Müziği ezgilerini tanıtmalıyız. Tiyatro, sinema, müze ve konserlere gitmeyi sevdirmeliyiz.

Saygı gösteren ve saygı gören, genel saygı kurallarına uyum sağlayarak saygın davranan, zübbelikten uzak çocuklar yetiştirmeliyiz. Bu bağlamda onlara kendimiz de iyi rol modeller olmalıyız. Televizyon izleme konusunda seçicilik ve planlılık ruhu oluşturmalıyız. Hemen hemen tüm TV kanalları şiddetin öne çıkartan, kısa yoldan para kazanma yollarını eğitimin önüne koyan örneklerle beyni yıkayan ya da hüzünlü aile içi olayları dolaylı yoldan da olsa yuvalarımıza taşımakta genç beyinlerimizi olumsuz olarak etkilemektedirler. Eş bulma programlarına değinmeyeceğim bile... Bu kişiler oralara gitmek için zaman, enerji ve parayı nasıl bulurlar? Evde onları bekleyen çoluk çocukları yok mudur? Başkalarından örnek almak, öğrenmek, empatik yaklaşıma katkı sağlamak çok güzel ama gözetleme/röntgen kültürü geliştirmenin ne anlamı olduğunu kestirebilmek mümkün değil.

Bildiğim tek şey var: Bunlar bizim değerlerimiz değil, olamaz da! Bizleri yetiştiren kuşaklar böyle yapmamıştı. Bizler neden buralara gelip takıldık? Çocukalrımıza zaman ayırmak, emek vermek bu kadar zor mu? Medya çok etkin bir eğitim aracı olmasına karşın bu konuda üstüne düşenleri gereğince yaptığı söylenemez. Farkında mıyız bilmiyorum ama güzel, köklü kültürel değerlerimiz ve terbiye anlayışımız süratle yok olmakta. Yaşlı başlı, kilolu ve/ya uygunsuz kıyafetli insanların bir eşyaya bedava sahip olmak uğruna yerde attığı taklaları gördükçe insanın içi sızlıyor. Bu mudur bizim eğlence anlayışımız? Bu mudur beynimizi geliştirecek olan okuma, araştırma, inceleme ve keyifle paylaşma kültürümüz? Çocuklarımıza örnek olacak yanlarımız bunlar mı?

İçimizdeki çocuklar bile gördüklerinden hoşlanmamaktalar, eminim. Gelin bunları değiştirelim. Kendine hâkim olmayı bilen, ağırbaşlı, duyarlı, genel kültürü geniş; nerede, nasıl davranması, giyinmesi ve konuşması gerektiğini bilen çocuklar yetiştirelim. Düzeyli tartışma yollarını öğretelim, öğrenelim, örnek olalım. Nitelikli insanlarla donanmış, çağdaş ve gelişmiş bir ülke olmak için sonra çok geç kalınmış olacak!

Eğitim Programları İçinde Ailenin Rolü

Yaşam boyu öğrenmenin son derece önem kazandığı bir çağda yaşıyoruz. Teknoloji her an değişime uğruyor. Postane, mektup kavramı şekil değiştirdi. Bankalar artık her türlü işlemi internetten anında gerçekleştiriyor. Söylenen o ki; son elli yılda teknolojideki gelişimlere kıyasla önümüzdeki on yılda teknolojide çok daha büyük gelişmeler olacak. "Ekip ruhu", "Sinerji", "Bilişim", "Çoklu Zekâ", "Eğitim'de Kalite", "Proje Yönetimi", "Portföy veya Ürün dosyası" kavramları bizler için yeni ama çocuklarımız bunları sıkça duyuyor ve kullanıyorlar; aynen MP3 çalar, i-pod gibi.

Bizler sanırım kendimizce daha şanslıydık. Temiz, doğal ortamlarda çocukluğumuzu dolu dolu yaşamamızı sağlayan oyunlar oynayabildik. Televizyonla tanışmamız lise yıllarımızda oldu. Hayâl dünyamızı süsleyenler sadece radyo ve pikaptı. Bizim eğitim yolculuğumuz da, anne ve babalarımızla iletişimimiz de çok farklıydı. Tanık olduğumuz teknolojik, bilimsel ve kültürel değer ve olgular da öyle... Medyanın üzerimizdeki etkisi; "Doğan Kardeş", "Akbaba" ve "Hayat" gibi ciddî, yol gösterici ve etiksel olgunluğu vurgulayan yayımlar sayesinde son derece olumluydu. Radyo tiyatroları kaçırmaktan korktuğumuz ve tüm duyularımızı kulaklarımıza kilitlediğimiz vazgeçilmez şölenlerdi. Özümüzdeki değerler aile-okul-çevre üçgeninin aynı dili konuşması nedeniyle çok iyi oturtulmuştu. Arkadaşlık, onur, dürüstlük, iyi ahlak ve çalışkanlıktı konan harcımız.

Dünyanın hızla değişmekte olduğu günümüzde çocuğumuzu anlamakta ve yönlendirmede sıkıntıya düştükçe ailelerin yaşadığı paniği anlamamak mümkün değil. Çocuklarımıza köklü kültürümüzün güzel değerleri ve iyi insan olmanın yanında hızla değişen dünyaya uyumlandırılmalarını, başarılı ve mutlu olmalarını sağlayacak temel bilgi, beceri ve tutumun kazandırılmasını istiyoruz. Mükemmellik yolculuğunda adım adım gelişsinler istiyoruz. Sürekli gelişimin kaçınılmaz olduğunu hissediyor; kendimizi de değiştirmeye çalışıyoruz. Öğrenme artık okul ile sınırlı değil! Yol gösterici kişilere, rehber kaynaklara ve bunu arayıp bulma gücünü verecek adanmışlık ve öz güvene gereksinim var.

Yukarıda değinilen bir iki nokta bile çocuğumuzu anlamakta neden zorlandığımızın yanıtlarını vermeye yeter! Mevcut eğitim programı öğrenciler, öğretmenler ve doğal olarak da anne babalar için mantık ve uygulamaları açısından büyük bir değişimi amaçladı. Bu değişim, basamak sistemi ile ilköğretimden lise sınıflarına doğru yayılıp sınav sistemini de etkilemeli. Tüm anne babalar kendileri için çok farklı olan bu sürecin içinden geçiyor ve geçecekler. Görünen o ki; ders işleme yöntemleri, sınıfa topluca alınan malzemeler, proje tabanlı sisteme uyum, ürün dosyaları ve değerlendirme yöntemleri hemen hemen her ailede sorun alanları olarak yer almakta. Projeleri çocuklar bıraktı, anne ve babalar yapmaya başladı. Etkinlikler liste halinde ardı ardına öğretmenler tarafından işlenmeye başlandı; oysa amaçlanan şey bu etkinliklerin bazılarının sınıfın koşullarına, düzeyine ve beklentisine uygun olarak seçilerek işlenmesiydi.

Çocuğun yaşamında sınav olgusu hala bir karabasan gibi durmaktadır. Öğrenciler bir yandan programın etkinlik bombardımanı bir yandan da sınav sisteminin stresiyle konunun özünü kaybetti. Neyi, neden öğrendiklerini bile anlayamıyorlar. Konu toplumun şu an çocukları okumakta olan aileleri ilgilendiriyor gibi görünse de ürünleriyle sonraki yıllarda hepimizi ilgilendirecek! Kendimizi siz anne babaların yerine koyduk ve ne tür bilgi ve yönlendirmeye gereksinim duyabileceğimizi sorgulamaya çalıştık. Biliyoruz ki; her çocuk farklı fiziksel ve ruhsal yapıya, farklı kişisel özelliklere, farklı anlayış ve kavrayışa sahip. Bu özellikler zaman içerisinde önce aile, sonra da okul ve çevre ortamında değişip gelişmekte. Bu gelişimdeki en büyük rol de ailelere ait. Anne ve babalar çocuklarının eğitimine katıldıkları ve "yaşam boyu öğrenci" felsefelerini onlara hissettirdikleri zaman okulda çok daha iyi performans gösteriyor, özgüveni yüksek bireyler olarak yetişiyorlar. Bu konuda ne kadar istekli ve değişime hazır olduğunuzu onlara söyleyin ve hissettirin lütfen.

Son Gelişmeler

"Küresel savrulmada, ulusal dik duruşu başarabilmek zorundayız!"

Bu sözler okul programlarında değişimi başlatan Talim ve Terbiye Kurulu eski Başkanı'na ait. Özünde önemli mesajların saklı olduğu bu söz, son eğitim programın tanıtımının yapıldığı hemen her ortamda söylendi. Özünde 'Bilgi Çağı'nı yakalamada Türk Eğitim Sisteminde yapılması planlanan değişikliklerin amacını vurguluyordu.

On beş yıldan bu yana nitelik iyileştirme odaklı çalışmalarımın ve Microsoft Türkiye ile Milli Eğitim Bakanlığı, Eğitim Teknolojileri Genel Müdürlüğü'nün işbirliğinde hayata geçirdiğim "Yenilikçi Öğretmenler Programı"nın özünde vurgulayıp durduğum; "demokratik okul", "çoklu disiplin", "öz ve eş değerlendirme sistemi", "güçlü bir okul-aile işbirliği", "ekip çalışması", "düşünme becerileri eğitimi", "yaşam boyu öğrenme", "portfolyo ve proje yönetimi" gibi kavramları, 2005 yılı programını anlatan uzman konuşmacılardan sıkça duymak heyecanlandırmıştı beni. Teknolojinin güçlü desteğini de yanına alınca böyle bir temele oturtulmuş programın harika işler yapılabileceğini düşündüm ama aklıma bazı sorular da takılmıyor değildi:

» Acaba pilot çalışmaların içinde olanlar uyguladıkları program konusunda ne düşünüyorlardı?

» Programın dayandığı temeller (Yapılandırmacı yaklaşım ve diğerleri) son derece çağdaş ve ileri sistemlerde uygulananların benzerleriydi ama acaba içerik nasıldı?

» Programı kimler hazırlamıştı?

» Çeviri bir program mıydı yoksa temel doğrular üzerinden hareket edilerek bizim kültür, ilke, hedef ve beklentilerimize uygun hazırlanmış, özgün bir çalışma mıydı?

» İçinde uygulamadan gelen kimseler yer almış mıydı?

» Kitaplar ve diğer kaynaklar yeterli ve gereğince çağdaş, bilimsel ve doğru içerikte mi hazırlanmıştı?

» Değerlendirme yine öğretmeni kısıtlayan ve bunaltan bir yaklaşımda mı gerçekleştirilecekti?

» Denetçilerin (müfettiş) bu konudaki rolü ve de en önemlisi tavrı ne olacaktı?

Biliyoruz ki; hangi alanda olursa olsun "değişim" zor ve sancılıdır. Yıllardır kullandığı içerik, materyal ve yönteme; iki yazılı, iki sözlü, bir ödev tekrarlarıyla ölçme ve değerlendirmeye alışmış öğretmenlerin, tüm bu alışkanlıkları bir yana bırakıp yepyeni bir anlayışla hazırlanmış programı kullanmaya başlaması zorlu bir süreçtir. En zoru da "anlayışta, felsefede" yapılacak değişimdir ki; 2008 yılında Bakanlık tarafından açıklanan %68 orandaki öğretmenin programa hala alışamamış olduğu haberini açıklar niteliktedir. Son yıllarda başka ölçümler yapıldı mı, bilmiyorum. Yapıldıysa da kamuoyuyla paylaşılmadı sanırım.

Öğretmenlerimizin bu köklü değişim sürecine, ilgili birimler tarafından gereği gibi hazırlanmadıkları doğrudur ve son derece önemli bir eksikliktir. 2005 yılının Haziran ve Eylül aylarında kuramsal olarak ve sadece Cd'ler vasıyasıyla tanıtımı yapılan programlarda görülen tek olumlu konu; programı tanıtan pilot okul öğretmenleri yanında yer alan denetçilerin verdikleri, biraz daha detaya ve uygulamaya inen, öğretmenleri rahatlatmaya yönelik açıklamalardı. Bu eğitimlerden ikisinde tesadüfen bulunmam nedeniyle konuyu iyi biliyorum. Oysa gerekli olan, uygulamalı eğitimlerdi. Ne yazık ki; gerçekleşemedi! Ve böylesi bir büyük boşlukla program başladı. Üstelik sadece birinci sınıflardan değil, tüm beş sınıfı kucaklar bir şekilde. Dolayısıyla durumun vehameti yalnızca bir ila dört yıldır eski sistemle öğrenim görmekte olan minikler için yeni programın tam bir sürpriz olmasında saklı değildi. Veliler için de büyük bir kargaşa yaratmıştı. Üstelik sınav odaklı toplumumuz için kocaman bir; "Bundan sonraki sınavlarda çocuklarımız ne yapacak?" kaygısı da cabası!

Şu son günlerde sınav öncesi, sırası ve sonrasında yaşanan ve paylaşılan kaygı dolu yorumlar bu kaygıları, korkarım ki, doğrular nitelikte. Üstelik sürekli yap-boza dönen sınav programları da, bir türlü lehimize yükselme gösteremeyen PİSA sonuçları da programın henüz oturmadığının ve bir yerlerde yanlış yapıldığının en önemli göstergeleri. Velilerin eğitim ve öğretim alanındaki yeri ve önemini; çocuklarının fiziksel ve zekâsal gelişimindeki katkılarını ve yeni düzende üstlenmeleri gereken rolleri belirleyebilmek adına eski ile yeniyi biraz daha detaylı tanımak gerek. Örneğin aşağıdaki tabloda farklı noktalar açısından eski ve yeni eğitim ortamları kıyaslanmakta (İSTE, 2005). Böylelikle anne-babalar ve öğretmenler olarak rolümüzü belirlemek daha kolay olacak sanırım.

Tablo 1_ Geleneksel ve İşbirlikçi, Yeni Ortamların Kıyaslanması

GELENEKSEL ORTAMLAR	İŞBİRLİKÇİ YENİ ORTAMLAR
Öğretmen-Merkezli eğitim	Öğrenci- ve öğrenme-merkezli eğitim
Tekli duyu kullanımı (görerek, dinleyerek...)	Çoklu duyu kullanımı
Tek alanda gelişme	Çok alanda gelişme
Tek başına, yalnız çalışma	Ekip çalışması
Bilginin tek yönlü, öğretmen tarafından sunumu	Bilginin paylaşımı, yayılması için farklı yaklaşımlar
Edilgen öğrenme	Etkin, keşfe yönelik, araştırma bazlı öğrenme
Ezbere ve/ya yoruma dayalı düşünme	Eleştirel düşünme becerileri
Reaktif yaklaşım, tepki	Proaktif ve planlanmış hareket
Kapalı ve yapay ortam	Otantik, gerçek yaşam ortamı
Katı öğretmen değerlendirmesi	Çoklu değerlendirme

Bu programda; "Nasıl öğretmek?"ten çok "Birlikte Öğrenme"yi merkeze alan bir anlayış esas alınmış. "Öğretmen-Merkezli" eğitim yerine, "Öğrenme- ve Öğrenci-Merkezli" yaklaşımda karar kılınmış. Bu yapılırken PİSA veya ÖSS sonuçları dikkate alınmış; yetişmekte olan öğrencilerimizin "ezberleyen" değil, "sorun çözen, düşünen" kişiler olması hedeflenmişti. Bu doğal olarak bizlerin alışık olduğu bir sistem değil, ancak öğrenmemiz gereken bir süreç.

Şimdi 2011-2012 Eğitim-Öğretim yılının tam ortasındayız. Aradan geçen bunca yılda alınan dönütlerden anlaşılan o ki; bu konuda hâlâ büyük sıkıntılar var. Bence yapılması gereken, daha fazla geç kalmadan programın yeniden elden geçirilerek iyileştirilmesi ve yoğun hizmet-içi eğitim programlarıyla tüm öğretmenlerde bir yenileme ve tazeleme sürecine gidilmesi. Bu arada her gruba düşen görevleri de yeniden sıralamakta yarar var.

Eğitimcilere Düşen Görevler

Öğretmenler: Toplam Kalite çalışmalarında "Liderlik" eğitimi verirken hep söylediğimiz bir cümle var; "...Okul öğrenci ve veli paydaşlarına yardımcı olmak için kendi istediklerini belirtmenin yanında onların beklentilerini bilmek için gerekli iletişim ortam ve kolaylıklarını yaratmak zorundadır..." (Köksal,2004). Son Müfredat'a evin yani ailenin desteğini çekebilmek için yine aynı yolu izlemek gerekiyor. Öğretmenlerin bunu yapabilmek için öncelikle yeni programın felsefesini, içeriğini, uygulayacağı yöntemleri; öğrencilerini motive edebilmek için de onları çok iyi tanıması gerekiyor.

Çoklu Zekâ'ya dayandırılan yeni sistemde en önemli sorunlardan biri; öğrencilerinizin hangi çoklu zekâya sahip olup ne tür öğrenme tarzlarının bulunduğunun belirlenmesi. Öğrencilerinizin zekâ durumlarını saptamaya yarayacak bazı yardımcı kaynaklardan yararlanabilirsiniz.

Örneğin; "http://www.ldpride.net/learningstyles.MI.htm" adresi bunlardan biri. Bu çalışmalar ve sizlerin değerli gözlemleri, onların aşağı yukarı hangi zekâlarla donanmış olduklarını, ayrıca öğrenme stillerini belirlemenize olanak sağlayacak, "işitsel, görsel ya da dokunsal" olup olmadıklarını belirleyecek. Sonrasında gelecek şey ise çalışmak ve başarmak!

Okul İdaresi: Okul idaresi, öğretmenleri ve Okul-Aile Birliği temsilcilerini de yanına alarak anne ve babaları son değişiklikler konusunda bilgilendirmek ve onlardan beklediklerini açıkça ifade edebilmek adına onları "Canlı eğitim tanıklığı"na çağırmalı; yani onları zaman zaman sınıf etkinliklerinin ve projelerinin sunumuna davet ederek öğrencilerin nasıl değişik bir ortamda ve hangi kulvarda koştuklarını göstermeli. Böylece onlar da evde ne tür bir yardımda bulunmaları gerektiğini kavrayabilirler.(http://www.ncrel.org/sdrs/areas/issues/envrnmnt/famncomm/pa100.htm). Bunun yanısıra okul idaresi;

» Veli katılımında profesyonel gelişim ve eğitim için olanaklar araştırmalı,

» Velileri okulda hoş karşılamalı,

» Okuldayken velilerin kullanabileceği bir aile merkezi sağlamaya çalışmalı,

» Okulda velilerin toplanıp okul ve öğrenciler için yararlı olacak işleri yapabileceği bir birim (okul aile birliği şemsiyesi altında) oluşturmalı,

» Öğrencilerin çeşitli etnik, kültürel ve sosyo-ekonomik alt yapısı hakkında bilgi edinmeli ve farklı ailelerle nasıl iletişim kurulacağını araştırma yoluna gitmeli,

» Veli katılım olanaklarını sağlarken velilerin çalışma programına uyum sağlamalı,

» Her öğrencinin velisinin ve ailesinin katılacağı ödev projeler vermeli ve öğrenci için öğrenmeyi daha anlamlı yapmalı. Örneğin; aile geçmişi, büyükbaba ve büyükanne ile röportaj veya velilerin günlük işlerinin tarifi, vbg.

» Velilere notlar, telefon çağrıları, mektuplar, konferanslar ve toplantılar yoluyla çocuklarının performansları ve okul etkinlikleri hakkında düzenli olarak bilgi vermeli,

» Evde yardıma ihtiyacı olan çocukların velilerine "Evde öğrenme" teknikleri hakkında uygulamaya yönelik bilgiler sunmalı,

» Velilerin okulu ziyaret etmesini, sınıfları gözlemlemesini, geri bildirim vermesini sağlayacak olanaklar sunmalı,

» Okulda öğrenci-veli işbirliğini ilerletecek planlar geliştirmeli,

» Velileri okul veya bölge komisyonu için hizmete davet etmelidir.

Dış Eğitim Paydaşları Olarak Ailelere Düşenler: Günümüzün duyarlı anne ve babaları, çocuklarının eğitimine şu şekilde katkıda bulunabilirler:

» Çocuklarına küçük yaşlardan itibaren kitap okuyup onlara "kitap okuma sevgisi"ni aşılayarak,

» Çocuklarına gereken kitap ve malzemeleri ellerinden geldiğince sağlamaya çalışarak,

» Çocukların ödevlerini her gece kontrol ederek veya ödevleriyle ilgili soru sormalarına olanak sağlayarak,

» Çocuklarının gelişimi hakkında öğretmenleriyle düzenli olarak konuşarak,

» Mümkün olduğunca Okul Aile Birliği toplantılarına katılarak,

» Televizyon izlemeye ailece sınır koyarak,

» Beslenmelerine özen göstererek,

» Karakter eğitimine önem vererek,

» Olumlu ve etik alışkanlıklar kazanmalarında iyi örnekler olarak ve en önemlisi;

» Evin tam bir öğrenme merkezi, bir "Okul" gibi işlemesine olanak yaratarak.

Bazı aileler okul dönüşlerinde çocuklarına; "Bugün okulda günün nasıl geçti?" diye sorarak da çocuklarının eğitimiyle ilgilendiğini düşünüyor olabilir. O zaman, lütfen bu soruyu her gün sorun. Bu soru çocuklarınıza şu açık mesajı verir:

"Çocuğunuzun eğitimi ve okulda yaşadıkları, yaptıkları sizin için önemli ve siz onların öğrenmelerini istiyorsunuz!"

Kimi aileler iş ve yaşam koşullarına göre çocuklarının eğitimine yoğun olarak, kimileri de sadece bir veya iki etkinlik için zaman ayırıyor olabilir. Katılım düzeyiniz ne olursa olsun ilginizin sürdüğünü bir şekilde onlara hissettirin ve bu tavrınızı değiştirmemeye çalışın. Bu onun psikolojik yapısı, eğitimi ve ilişkiniz konusunda duyarlılığını arttıracaktır.

Sizlere önereceğim iki nokta daha var: Birincisi toplum içinde daha iyi bir eğitimin savunucusu olarak toplum ve çevreniz, dolayısıyla da çocuğunuz üzerinde eğitimin önemini vurgulayan örnek bir kişi konumuna gelmeniz. Diğeri de; okulu sık sık ziyaret edip yapıcı eleştiri ve katkı sağlayarak okulun yüksek akademik ve sosyal standartlara sahip olmasına yardım etmeniz.

Araştırmalar anne ve babaların, çocuklarının eğitimine katılmalarının ne kadar önemli olduğunu göstermekte. Şimdi bazı sonuçları paylaşalım:

» Aileler çocuklarının eğitimine evde de katkı sağladıkları zaman çocukları okulda daha başarılı oluyor. Ailelerin okul gelişimine de yararı dokunuyor.

» Aile, ana sınıfından üniversiteye kadar çocuğun başarısına dolaylı da olsa yapıcı katkılarda bulunuyor. Öğrenmeyi cesaretlendiren ev hayatı, çocukların başarısı için gelirden, eğitim düzeyinden veya kültürel arka plandan daha önemli.

» Okuma başarısı, evde öğrenme aktivitelerine matematik veya fen ve teknolojiden daha çok bağlıdır. Çocuklara yüksek sesle okumak çok önemli bir etkinliktir. Böylece aileler çocuklarının okuma başarısını yükseltebilirler. Ayrıca çocuklarla kitaplar ve hikâyeler hakkında konuşmak, çocuklara bunları okurken verdiğiniz desteği de pekiştirmiş oluyor.

» Çocuklar ve aileler okul yaşamı hakkında düzenli olarak konuştuklarında çocuklar akademik olarak daha başarılı oluyorlar.

» Öğrencinin yüksek başarılı olmasına katkı sağlayacak üç çeşit aile katılımı var: aktif düzen desteği ve çocuğun zamanını denetleme, ödevlere yardım etme, okul konularını konuşma.

Çocuğun eğitsel sürecine ailelerin katılımı ne kadar erken olursa etkileri de o kadar güçlü ve olumlu olur *(http://www.nea.org/parents/index.html)*.

"Ben okulda ne yapabilirim?"

Bir anne ve/ya baba olarak çocuğunuzun eğitimine, okuldaki ve evdeki etkinliklerine katkınız çocuğunuzun eğitimine değer verdiğinizi göstermektedir. Öğretmenler, çocuğunuzun öğrenimini önemsediğinizi görür. Siz öğretmenlere çocuğunuz hakkında çok güvenilir bilgi sağlayabilecek en önemli kaynaksınız. Sizinle çocuğunuzun öğretmeni arasındaki ortaklık ve iletişim bağı çok güçlü olmak zorunda. Bu bölümde çocuğunuzun eğitimine okulda katılmanızı sağlayacak yolları paylaşmak isterim:

» Öğretmenle buluşun. Çocuğunuzun ilgi alanları ve hobileri hakkında öğretmeniyle konuşun. Size en iyi ne zaman ve nasıl ulaşabileceğini ona söyleyin. Çocuğunuzun eğitimini evde nasıl destekleyebileceğinizi danışın.

» Çocuğunuzun sınıfını ziyaret edeceğiniz bir tarihi öğretmenle birlikte belirleyin. Çocuğunuz gerçekten öğreniyor, derste işlenenleri gerçek yaşamına geçirebiliyor mu? Dersi dinliyor ve gerektiğinde soru soruyor mu? Öğretmen dikkatini toplayabiliyor mu?

» Veli toplantılarına gidin. Eğer okul böyle toplantılar yapmıyorsa, siz çocuğunuzun öğretmeniyle buluşun. Çocuğunuzun okul başarısını sorun.

» Başka veli grup ve toplantılarına katılın. Eski Mezunlar toplantıları gibi etkinliklere katılın. Grup olarak amaçlarına ulaşması için okula nasıl yardım edebileceğinizi bulun.

» Güncellenmiş okul politikalarını, ders programını ve kuralları takip edin. Okul politikalarının gelişimine katılmak için olanaklar yaratın ve sorun.

» Çocuğunuzun öğrendiğinden emin olun. Çocuğunuzun, sınıfının düzeyindeki standartlara ulaşabilmesi için nelere ihtiyacı olduğunu sorun.

» Çocuğunuz hakkında rahatça konuşabileceğiniz öğretmen veya danışman bulun. Çocuğunuz üniversite veya iyi bir kariyer için hazırlanıyor mu? İlgi alanları ve kişilik özellikleri onun hangi mesleğe uygun olduğunu belirler. Bununla ilgili Holland anketini uygulayıp RIASEC Kodunu belirlediniz mi? Bu konuda Kariyer Portfolyosu hazırlama eğitimi en önemli uygulamalardan biri. Bu konuda bilgi almak için Sürekli Gelişim Derneği'nden bilgi alınız.

» Düzenli olarak okulun ve Milli Eğitim Bakanlığı'nın web sayfalarına bakın. Gelişmelerden ve yeniliklerden anında haberdar olun (www.meb.gov.tr).

» Öğretmenle ve/ya okulunuzun PDR uzmanıyla iletişim kurun. Eğer çocuğunuzun okuldaki durumuyla ilgili endişeleriniz varsa önce onlarla konuşun.

» Projelerine destek verin. Hatta bazı projelerde destek aile rolünü üstlenin. Evinizi çocuğunuzun arkadaşlarına açık tutun. Bu onda kendine ve size karşı güçlü bir güven duygusu geliştirecektir. Bu konuda dokuz yıldır sürdürülen *www.bilisimcimartilar.com* adresinden yararlanabilirsiniz (Bkz. Ekler 3).

» Maddi olanaklarınız varsa evinize teknolojik destek köşesi kurun. Bilgisayar alıp internet erişimini sağlayabilir, çocuğunuzun eğitimine olumsuz etki yapacağını düşündüğünüz sitelere, teknik destek alarak engel koyabilirsiniz. Ayrıca çocuğunuz vaktini bu köşede veya televizyon karşısında geçirmeye eğilimli ise saat ve süre konusunda kısıtlar koyup nedenlerini onunla paylaşınız. Kendini kontrol edebilmesi adına bu son derece önemlidir.

» Çocuğunuzun mutlaka spor, sanat ve edebiyatla yakından ilgilenmesini sağlayıp olanaklar yaratın. Bu ondaki gizli cevheri ortaya çıkaracağı gibi rahatlama teknikleri edinmesini de sağlayacaktır.

» Kesinlikle okulu, öğretmenleri ve öğrenme konularında olumsuz konuşmayın. Çocuğunuzun okula ve öğretmenine güvenini kaybetmesi, ruhunun derinliklerinde yaşama olan güvenini kaybetmesine de sebep olacaktır. Bunu asla istemeyeceğinizden eminim *(http://www.nea.org/parents/schoolinvolve.html)*.

Sonuç Olarak…

Anlaşılacağı gibi yapacak çok şey var. Nereden başlamalı demeyelim, ister internet, ister kitap veya okul ziyaretleri yoluyla konuyu araştıralım, öğrenelim ve bizler de böylece "yaşam boyu öğrenci" olma felsefesinin gereğini yerine getirelim ki; hem evimizdeki ve hem de içimizdeki çocuk mutlu olsun.

Bundan sonraki bölümde yalnızca okulda değil evde de uygulanması kolay, zevkli ve de eğitici yanıyla çocuğunuzu derse yönlendirebilecek birkaç etkinlik örneğini sizlerle paylaşacağım. Boş saatlerde televizyon kanallarını zaplamak yerine eminim ki; farklı etkinliklerle birlikte eğlenmek ve üretmek, hem sizin hem de yavrunuzun hoşuna gidecek. Ayrıca velisi veya öğretmeni olduğunuz okulları değerlendirmenizde yardımı olacağını umduğum bir anketi de sunmak istiyorum (Bkz.Ek-1) (Çoluk-Çocuk,2004:11-12).

Umarım ki bu kitap yaşamınızda farklı bir pencere açılmasına neden olur. Bireysel gelişiminiz yanında ailenizin; öğretmenseniz sınıfınızdaki öğrencilerin farklılaşmasına katkı sağlayacağını umduğum bu çalışma konusundaki önerileriniz de benim için çok önemli. Sizleri çok seviyor ve ömür boyu sürecek "kalite yolculuğu"nda bana eşlik etmeniz dileğiyle, en içten sevgi ve saygılarımı gönderiyorum. Tabii ki içinizdeki çocuğu yadsımadan...

Hayal KÖKSAL,
Bir Kalite Gönüllüsü

BÖLÜM YEDİ

ETKİNLİKLERİN ÖNEMİ

Okul genç beyinlere; insanlığa hürmeti, millet ve memlekete sevgiyi, şerefi, bağımsızlığı öğretir.

M.K. ATATÜRK

Hayal Köksal Müfredat Akademisi

2005 Ocak ayında pilot okul çözümlemeleri ile başlayan bu çalışmanın sonucu göstermekte ki; yeni bir sisteme geçmeden önce gereğince yapılacak hizmet-içi eğitimler öğretmenlerin özgüvenleri ve meslekî etik anlayışları için son derece önemli. Kültürel yapımız öğretmenin kendisini bilgili, donanımlı ve hazır hissetmeden sınıfa girdiğinde öğrenci karşısında bocalar duruma düşmüş hissetmesine izin vermiyor. Bu meslekî gelişim açısından tabii ki çok önemli bir durum. Ancak bu noktada eğitimcilerin de artık kabullenmesi gereken durum kanımca şu: Bilgi sürekli ve hızla gelişiyor. Bu çağda öğretmenlerin herşeyi biliyor olması olanaksız. Bilmeleri gereken; alanlarıyla ilgili bilgi ve beceriler yanında yöntem, planlama ve sınıf yönetimi bilgisi. Ve de en önemlisi alanlarıyla ilgili son gelişmeleri sürekli izleyip "neyi, nerede, nasıl bulacaklarını" bilmeleri, kaynak okuryazarı olmaları. Biraz daha açarsak; hangi konular, hangi kaynaklardan, nerelerden, kimlerle görüşerek bulunur? Bunlara e-erişim olanağı var mıdır? İletişim izleği (prosedürü) nasıl yerine getirilir? Öğretmenin zamanımızda artık bu konularda yetkinleşmesi gerekiyor. Bunu gerçekleştirmek için de öğretmenin;

» "Yaşam boyu öğrenci" olduğu bilincine kavuşması,

» Alanındaki son gelişmeleri izliyor olması,

» Etik konusuna önem vermesi,

» Teknolojiyi hiç olmazsa kaynak taramayı yapabilecek kadar kullanıyor olması,

» Liderlik konusunda hem kendisine hem de öğrencilerine iyi bir model olması,

» Diğer öğretmenler ve eğitim paydaşlarıyla iletişiminin güçlü, diyaloğunun olumlu olması, ekip ruhunun gelişmiş olması,

» Elindeki olanakları nasıl daha verimli kullanabileceği ve çevresine yararlı olabileceği konusunda gerektiğinde "yaratıcı" olması,

» Çalışma koşullarının ve finansal koşullarının kısıtlarına karşın mesleğinin kutsallığına inanması ve bu zorluklarla başedebilmenin ancak ve ancak "sevgi, saygı, anlayış" ile mümkün olduğu gerçeğini bilmesi,

» İletişim becerilerinde gelişmiş olması, öğrencileriyle arasındaki köprülerin ancak çift yönlü iletişim ile sağlamlaşacağı gerçeğini özümsemesi gerekiyor (Köksal, 2003).

Öğretmen Adaylarının Durumu

Öğretmenlere verilecek hizmet-içi eğitim, işin bir boyutu. Diğer bir boyut da mesleğe hazırlanan öğretmen adaylarıyla ilgili. Uygulamanın içinde olan ve 25 yıldır öğretmen yetiştiren kurumlarda çalışan bir eğitimci olarak 1997-1998 yılında uygulanmaya başlayan Eğitim Fakültesi Programı'nın öğretmen adaylarını mesleğe ve son yenilikçi yaklaşımlara hazırlaması olanaksız! 1998 öncesi uygulanmakta olan programdaki bazı "Pedagojik Formasyon" derslerinin program dışına çıkarılması ve/ya içeriklerin hafifletilmesi sonucunda öğretmen adaylarına o eski "öğretmenlik ruhu"nun verilemediği görülüyor. "Okul Deneyimi" derslerinin içerik ve uygulama yöntemi son derece hatalı. Bunda medya, finans, çalışma koşulları, okul içi iletişim sorunları, küresel çalkantılar nedeniyle toplum yapısındaki değişme, özel-resmi okul ayrımı ve toplumun mesleğe bakışı da çok etkin. Bunula birlikte; bir zamanlar "Eğitim Enstitüsü"ne öğretmen olma aşkıyla girmiş bir eğitimci olarak o okulda uygulanan programla şu anki programı kıyasladığımda yeni öğretmen adaylarının durumunu da daha iyi anlayabiliyorum. Bizlerden;

» Öncelikle güzel Türkçe'mizi çok iyi kullanıp bir yıl boyunca belli sayıda kitap okumamız,

» 2. yıl boyunca haftada bir gün okullara gözleme gidip, 3. yıl boyunca da haftada bir ders vermeye gitmemiz,

» Bir hafta sonu tiyatro, bir haftasonu da (o zamanın koşulları her haftaya izin vermiyordu) operaya gitmemiz,

» Ayda bir yapılan bölüm çaylarında etkinlik örnekleri sunmamız, dans etmeyi öğrenmemiz,

» Koro, edebiyat kulübü, sanat dersleri gibi ruhumuzu geliştirecek etkinliklere katılmamız,

» Her Cuma akşamüstü ve her Pazartesi sabahı sırayla bizlerin liderliğinde yapılan törenlerde; "Öğretmen Marşı", "Dostluk" ve tabii ki; "İstiklâl Marşı"mızı söylememiz ve programı idare etmemiz istenirdi. Biliyorduk ki; bu tür törenleri ileride düzenlemek ve yönetmek bizim görevimiz olacaktı.

» Sosyal yaşam da öğretmenin içinde yer alması gereken ve öğrenmeyi okul dışına taşıyabildiği bir başka öğrenme ortamı olarak görülürdü.

Şimdi o yıllara dönüp baktığımda kendimi 36. meslek yılımda neden hâlâ ilk yıllardaymış gibi hissettiğimi daha iyi anlıyorum. Bize "meslek aşkı" verilmişti. Okulun ilk gününde çalışanların bizlere "öğretmenim" diye seslenmelerini garipserken bu güzel "unvan"ı taşımaya daha o ilk günlerden alıştırma politikasının güdüldüğünü sonradan kavramıştım. Bizler "özel" yetiştirilmiştik o okullarda. Şimdi bizim de yapmamız gereken aynı tür rol modeli sergilemek. Bir öğrencim 2005-2006 Akademik yılının Bahar dönemi sonunda gönderdiği bir iletide şöyle yazıyor;

"...Okulda sizden çok şey öğrendim, daha da öğrenmek istiyorum. Yansıma'da yazmayı unuttuğum bir şeyi şimdi söyleyeyim. Benim ukalalığımdan kaynaklanan bir şey midir bilmem ama öğretilmeyi sevmem; ama inanıyorum ki benim gibi tiplere de birşeyler öğretilebilir. Bunun canlı örneği başta annem, babam ve siz oldunuz. Benim üzerimde, kendimin bile farkında olmadan otorite kurup, bana birçok şey aşılayabilen kişisiniz..."

Bunları okumak çok güzel. İyi bir "rol model" olduğunuzu hissettiğinizde verilen emeklerin karşılığını bulduğuna seviniyor ve tüm yorgunluğunuzu unutuyorsunuz ve biliyorsunuz ki; gelecekte de benzer dönütleri alacak bir ruh daha yetişiyor. Öğretmen yetiştirmede son derece önemli bir konu var. 1998 yılından bu yana yaptığım çalışmalar ve aldığım dönütler gösteriyor ki; öğretmen adaylarının programına "Kalite, Barış ve Liderlik" odaklı felsefî içerikli bir ders koymak son derece önemli. Öğretmenler ve öğretmen adayları meslek derslerine başlamadan önce "kalite felsefesi"nin gerçekte, gerçek anlamda(!) ne demek olduğunu bilmek durumunda. Öğrencileri için örnek kişi olan öğretmen bu yaklaşımla;

» Birinci hedefinin; "önce insan" olduğunu,

» "Sevgi"nin öğretişimde[1] verim ve memnuniyeti sağlamak için ön koşul olduğunu,

» "Sürekli öğrenme"nin çağımızda başarılı olmak için vazgeçilmez olduğunu,

» Ekip ruhu, liderlik, zaman yönetimi ve iletişim becerilerinin başarıya etkilerini,

» Sistem ve süreç yaklaşımının yaşamdaki önemini ve

» Sorun çözme sistematiğinin ana unsuru olan PUKÖ Döngüsü'nün (Planla-Uygula-Önlem alarak geliştir-Uygula) aslında yaşam döngüsü olduğunu ve herkesin çok iyi özümsenmesi gerektiğini kavramak zorunda.

» Eğitimin her türlü şiddetten uzak olması da temel özelliklerden biri. Bu bilinci taşımak sadece öğretmen için değil anne ve babalar için de son derece önemli.

Hedefiniz saygın ve haklarının bilincinde bireyler yetiştirmek olunca göreviniz daha da büyük bir önem kazanıyor. 30 Kasım-3 Aralık 2011 tarihleri arasında Hindistan'ın Lucknow kentinde kurulmuş olan City Montessori School'u bir grup eğitimci dostumla ziyaret ettik. Beşinci kez gittiğim bu okul beni şaşırtmaya ve hayran

---

1 Sevgili dostum Doç.Dr.Zeynep Kızıltepe'ye bu güzel terimi için teşekkürlerimi sunuyorum.

bırakmaya devam ediyor. Yukardaki tüm noktaların işlendiği okul 2002 yılında UNESCO tarafından "Eğitimde Barış" uygulamalarıyla ödül kazanmış. Kırk bin öğrencisiyle dünyanın en büyük okulu unvanı da olan okulda iki öğrencinin birbirine ters bakışlar fırlatıp yüksek sesle tartıştığını bile görmedim. Sorunlarını Kalite Halkaları yaklaşımıyla çözmeyi öğrenen öğrenciler, aile ve öğretmen birlikteliğinin çok güzel ve uyumlu bir ürünü olarak yetişmekteler. İngiliz ve Amerikalı eğitimcilerin de çok şey öğrendiklerini söyledikleri okul 25 ülkenin içinde olduğu Toplam Kalite ve Eğitimde Mükemmellik Dünya Konseyi'ne de üs görevi görmekte. Türkiye Genel Direktörü olmaktan onur duyduğum bu Konsey ve Okul ile ilgili daha fazla bilgi almak için *www.cmseducation.org/icsqcc* adresini ziyaret edebilirsiniz.

Etkinliklerin Önemi

Bir önceki bölümde paylaşılanlardan sonra geliyoruz günümüze... Nasıl sosyal yaşam için etkinlikler gerekli ise; öğrenmenin kalıcılığı, sınıf içi ve dışı iletişimin, kaynaşmanın sağlanması ve öğrencileri toplum önünde konuşmaya, sunum yapmaya yönlendirmesi açısından "etkinlikler" de çok önemli. Dersin içeriğini çok iyi bilen öğretmenin konunun ana hatlarını yaşamla ilişkilendirmesini sağlıyor etkinlikler. Öğrenci o konu içinde öğrendiği bilgiyi yaşamın hangi yönlerine taşıyacağını fark ediyor ve öğrendiği "bilgi"nin özümsenmesi gerektiğini yani gelecekte işine yarayacak olması nedeniyle "bilgi dağarcığı"na yerleştirmesi gerekliliğini kavrıyor. Biliyoruz ki; değişime adım atmak için "Farkındalık yaratmak" son derece önemli.

Evlerimizi 'okula dönüştürmek' ve 'çocuklarımızı çekirdekten yetiştirmek' önerisiyle ortaya çıkan, yani öğrenmeyi etkin olarak eve taşıyan bu kitapta anne ve babaların da etkinliklerin neden önemli olduğunu ve nasıl yapılması gerektiğini anlamaya hakları ve de gereksinimleri var. "Ekler 1" Bölümü çeşitli etkinlik örneklerini içermekte. Müfredat Akademisi çalışmalarım esnasında, etkinliklerin programdaki önemini görmüş, aklıma yıllardır özenle sakladığım 1985 yazında Boğaziçi Üniversitesi, Yabancı Diller Yüksekokulu'nda, Milli Eğitim Bakanlığı Hizmet-İçi Eğitim Dairesi'nce düzenlenen "Anadolu Liselerine Öğretmen Hazırlama" programımdaki notlarım gelmişti. Daha 1980'li yıllarda konunun uzmanları, Yabancı Dil öğretme yaklaşımlarının en yenisi olan İletişimsel Yaklaşımı (Communicative Approach) hem kuramsal ve hem de uygulamalı olarak anlatmak için etkinlik örnekleriyle bizleri adeta bombardımana tutmuşlardı. Öylesine güzel örneklerdi ki; dökümanları elimden çıkartamamış, önceleri derslerimde kullanmış sonrasında da özenle saklamıştım. Konuyu öğrencilerime açtım, sevgili Duygu Deniz ve Hatun Zengin Bolatkale çok heyecanlandılar. İngilizce örnekleri Türkiye koşullarına uyarlayarak her derste uygulanabilir hale getirmeye karar verdik. Bu iki değerli öğrencim_ki şimdi çok değerli iki meslektaşım_ yaz tatillerinin büyük bir bölümünü bu çalışmaya ayırdılar. Ortaya çok güzel bir etkinlik demeti çıktı.

Bu etkinliklerde verilen "ders, alan, beceri" bölümleri sadece size yol göstermek, örnek olmak amacıyla yazıldı. Yavrularınızın veya öğrencilerinizin bilgi, beceri ve tutumlarını en iyi sizler anlarsınız. Bu etkinliklerle "oyun hamuru" gibi oynamanızı, kendi koşullarınıza göre şekillendirmenizi istiyoruz. Dönütlerini bizlerle paylaşırsanız çok mutlu oluruz. Bu etkinlikleri evinizde yapmaktaysanız, sadece çocuğunuzla veya arkadaşlarını da içeren ve İmece Halkaları adını verdiğimiz küme çalışması ile yapmanızda yarar var.

"İmece Halkaları" Yöntemi ve Önemi

Dünya Bankası'nca düzenlenen '2005 Türkiye Yaratıcı Kalkınma Fikirleri Yarışması'na katılan 739 projeden ödül kazanan 23 projeden biri "İmece Halkaları". Bu yöntem; iki saatlik bir bilgilendirme eğitimi ile başlıyor. "Eğitimde Güç Birliği: İmece Halkaları" adlı kitabımda bu konu örneklerle derinlemesine işlenmiştir. Şimdiye kadar 3000'e yakın "İmece Halkası" çalışmasını yönetmiş durumdayım. Bu çalışma; zaman yönetimi, kalite araçlarının kullanılması, sorun çözme sistematiği ve toplantı yönetimi gibi önemli konuları da içermekte. İşlenen veya çalışılan konuyla ilgili temalar sıralanır, içinden sorun yaşanan konular ve iyi yerleşmemiş kısımlar belirlenir (Öğretmen, veli ve öğrencilerin işbirliği içinde çalışmasını öneririz.) ve daha sonra öğrenciler isteklerine göre sorun alanlarını ve konularını seçerler. İlgi alanlarına göre bir araya gelen öğrencilerle önce topluca "görevdeşlik (sinerji) yaratma" alıştırması yapılır ve sonra halkalar "öğrenme yolculukları"na koyulurlar. Öğretmenin ve ailelerin rolü rehberlik, kolaylaştırıcılıktır. Ve bu arada tabii ki öğretmenin "sunu becerileri" eğitimini de öğrencilerine vermesi gerekiyor. Öğrenciler okulun ve evdeki olanakları içinde; karton, tepegöz yansıları veya ppt sunumlarla dramayı da içeren sunumlarla çalışmalarını paylaşıma açabilirler.

İlk etkinlik İmece ruhuyla yürütülebilecek bir "Grup/Ekip çalışması" örneği:

Ders: Türkçe/ Hayat Bilgisi/Fen Bilgisi/ Tarih/ Coğrafya

Sınıf: 2 - 3 - 4 - 5 - 6 - 7 - 8

Öğrenme Alanı: Sistematik araştırma yapma, kütüphaneyi kullanabilme, grup çalışmasını ve iş bölümünü öğrenme

Beceriler: Sorumluluk alabilme

Araç-Gereç-Ortam: Öğrencilerin grup içindeki görevlerini gösteren yaka kartları, kütüphane

Uygulama: Sınıf 4 kişilik gruplara ayrılır. Her bir gruba, kütüphaneyi kullanarak araştırma yapabilecekleri bir konu verilir. Daha sonra grubun her bir üyesi gönüllü olduğu bir görevi üstlenir. Bu görevin yer aldığı yaka kartı takılır. Dört adet yaka kartı olmalıdır. Grupta bir başkan, bir yardımcı, bir yazıcı ve bir de konuşmacı olmalıdır. Grup başkanı grubu idare eder, buluşma saatlerini ve mekânı ayarlar, araştırmayı başlatır. Yardımcı, toplanan verileri inceler ve birer kopyasını dosyalar. Yazıcı ödevin son halini hazırlar, her buluşma sonunda alınan kararları not eder. Konuşmacı ise ortaya çıkan ödevi sınıfa sunmakla yükümlüdür. Öğrencilere araştırmayı tamamlamaları için bir hafta süre verilir.

Anlaşılacağı gibi, okul öncesi de dahil olmak üzere tüm yaş gruplarının, her ders için yapılabileceği bu çalışma çocuklarımıza sadece internet taramasına odaklı olmamalarını, gerektiğinde kütüphaneyi de kullanmaları gerektiğini gösterecek güzel bir etkinlik örneği. Süresi de ders saati dışına taşar durumda. Bunu her öğretmen; kendi okulunun idarî yaklaşımı doğrultusunda, ailelerin de onayını alarak kullanabilir. Bu çalışma beraberinde "Kütüphaneyi kullanma kuralları ve terbiyesini" de içermelidir. Ayrıca bu aşamada özellikle yurt dışında okumaktan hoşlananların en rahat edebilecekleri ortam olarak tasarımlanmış "kütüphane" örneklerinin resim veya yansılarını paylaşmak "kütüphaneyi önemseme ve etkin kullanabilme" farkındalığı yaratmak adına da yardımcı olacaktır. Benzer çalışma müze veya sanat merkezleri ile de yapılabilir.

Ekler bölümünde yer alan etkinlik örnekleriyle sorun çözmeye odaklı "Bilişimci Martılar Projesi" sınıfta öğretmenlerin, evde de çocuklarıyla birlikte çalışmak isteyen anne ve babaların işine yarayacak. Üstelik Bireysel Gelişim Yolculuğunuzda düzeli olarak tutacağınız bir "Günlük" sayfası da her yaş grubundan öğrencinin öz değerlendirme sürecine çok katkı sağlayacak. Bireysel çalışmaktan ve araştırmaktan hoşlanan öğrencilerin ise kendi ekiplerini kurarak yapabileceği çalışmalar bunlar.

Değerli gençler, sizler bizim geleceğimizsiniz. Kendi değerlerinizin ve becerilerinizin farkında olmanız, aklın ve bilimin ışığında geleceğinizi kurgulamanız sadece sizin değil ülkemizin de diğer dünya devletlerleri arasında yerini belirlemeye yardımcı olacak. Lütfen yorum ve görüşlerinizi benimle paylaşınız. Hepinize iyi yolculuklar.

KAYNAKÇA

Bonstingl, J.J.,(1998), "Developing Young People's Qualities of Character for the 21st Century Working World", Educational Viewpoint.

....................(2001), Schools of Quality. Third Edition, Carwin Press, California, ABD.

....................(2001), "Personal Quality Improvement Workshop", 3rd International and Invitational Quality Education Leadership Retreat, ABD:Maui.

....................(2005), "Six Personal Qualities", "8th ICSQCC", Lucknow, Hindistan.

Bransford, J., Brown, A., Cocking, R. (2000). National Research Council. "How People Learn: Brain, Mind, Experience, and School", Washington, D.C.: National Academy Press.

Cafoğlu,Z., (1996), "Eğitimde Toplam Kalite Yönetimi", Avni Akyol Ümit Vakfı Kültür ve Eğitim Vakfı Yayınları, Ankara.

City Montessori School, 2005, www.cmseducation.org

Cordan,B., (1998), "Eğitimde Toplam Kalite", M.Ü. Kalite Konferansları Dizisi, İstanbul.

Covey, S., (2005), "Etkili İnsanların 8 Alışkanlığı", Sistem yayıncılık, İstanbul.

Deming,W.E.,(1986), "Out of the Crisis", Cambridge; Mass.: MIT Center for Advanced Engineering Study.

Çelik, V. (2000)," Eğitimsel Liderlik", Pegem yayıncılık, Ankara.

D. Nix R. + Spiro (Eds.) Cognition, Education, and Multimedia (pp.115- 141). Hillsdale, N.J: Lawrence Erlkawn Associates

Eğitim Reformu, Girişimi, Sabancı Üniversitesi: www.sabanci.edu.tr.

Elitez, Z., (2009), "Beni Çok Ararsınız", Neden Kitap, İstanbul.

Greenwood,M.S. and H. J. Gannet., (1994), "Total Quality Management for Schools", Cassell.

http://www.ncrel.org/sdrs/areas/issues/envrnmnt/famncomm/pa100.htm

http://www.tinaztitiz.com/yazi.php4?id=577

Hay, L. (2009), "Düşüncenin İyileştirici Gücü", Koridor yayınları, İstanbul.

Kavrakoğlu, İ., (1996), "Toplam Kalite Yönetimi", KalDer Yayınları, No:3, İstanbul.

Köksal, H., (2005), "Bir Çözümleme Çalışması: Yeni İlköğretim Programı Ne Getiriyor?", Yeniden İmece, Mayıs 2005, İzmir.

....................(2005), "Microsoft Yenilikçi Öğretmenler Programı", İstanbul.

....................(2004), "Çocuğunuza Uygun Okulu Nasıl Belirlersiniz?", Çoluk-Çocuk Dergisi, Eylül . "Kalite Gerçeği", Akademi Yayımcılık, İstanbul.

....................(2003), "Ben Kalite Gönüllüsü bir Öğrenciyim", MEB Basımevi, İstanbul.

....................(2001), "Okullarda Kalite Farkındalığı Eğitiminin Önemi ve bir Örnek Paylaşımı", 10. Eğitim Bilimleri Konferansı, Abant İzzet baysal Üniversitesi,Bolu.

....................(1998,) "Kalite Okullarına Geçişte Toplam Kalite Yönetimi", Dünya, İstanbul.

Korkmaz, Z., (2007) "Kemal Atatürk NUTUK" , Atatürk Araştırma Merkezi Ankara

Man, J., (2003), PDCA Mindset. Bildiri, 6th ICSQCC, Lucknow, Hindistan.

M.E. Basımevi, (1988), "Atatürkçülük" , M.E. Basımevi, İstanbul

Ongan, H ve S., (2010), "Yaşamayı Öğrenmek", Türk Dünyası Araştırmaları Vakfı, İstanbul.

Oktar, S. (2008). "Proje Yönetimi ve Etik", *http://www.urbanhobbit.net/PDF/Etik.pdf*

Ölçme Değerlendirme *(www.ttkb.meb.gov.tr)*

Peters T. and N.Austin, (1985), " A Passion for Excellence", ABD.

Petrov, G., (2007). "Beyaz Zambaklar Ülkesinde", Koridor Yayıncılık, İstanbul.

KALBE-MER Müfredat Akademisi CD'si *(www.kaliteokullari.com).*

Sallis,E., (1996), " Total Quality Management in Education", Kogan Page, ABD.

Tebliğler Dergisi, Kasım 1999.

Yapıcı,M., (2008), Milli Eğitim Bakanlığı ve Yeniden Yapılanma, "Cumhuriyet, Bilim ve Teknik", 970/20.
www.iste.org
www.meb.gov.tr
www.tinaztitiz.com
www.ttkb.meb.gov.tr
http://www.nea.org/parents/schoolinvolve.html
http://www.nea.org/parents/index.html

http://www.ldpride.net/learningstyles.MI.htm

EKLER

ETKİNLİKLER

Bu bölümdeki etkinlikleri üstün bir çalışma aşkı ve "öğretmenlik ruhu"yla Türkçe'ye çeviren ve uyarlayan sevgili genç meslektaşlarım; Hatun Zengin Bolatkale ve Duygu Deniz'e tekrar teşekkür ediyor, kendilerini kutluyorum.

Bu tür çalışmalar her okul bünyesinde; o okulun öğretmenleri tarafından ailelerin ve öğrencilerin de desteğiyle gerçekleştirilebilir. Böylece her okuldan oluşacak "X Okulu Etkinlik İmecesi" adlı projeler Türkiye için zengin bir çalışma ve işbirliği kataloğuna dönüşür ve hatta Okulun web sitesinde yerini alabilir. Haydi, var mısınız bunu gerçekleştirmeye? Kolay gelsin!

1) ACABA NE OLDU?

Ders: Türkçe/ İngilizce

Sınıf: 3 - 4 - 5

Süre: 15 - 20 dakika

Öğrenme Alanı: Konuşma

Kazanım: Öykü kurgulayabilme, grup arkadaşlarından destek alma.

Beceriler: Yaratıcı düşünme

Araç-Gereç-Ortam: Üzerlerinde "genç kadın, küçük ev, yaşlı adam, deniz, köpek, tekne..." gibi anahtar kelimelerin yazılı olduğu kartlar.

Uygulama: Bütün kartlar öğretmen masasında rasgele karıştırılır. Sınıf dört kişilik gruplara ayrılır. Her bir grup sırayla çağrılarak her bir üyeden masadaki kartlardan bir tane seçmesi istenir. Bütün gruplar kartlarını seçtikten sonra gruplardan ellerindeki kartlarda yazan kelimelerin de içinde olacağı kısa ve eğlenceli bir öykü kurgulamaları istenir (Rinvolucri, 1983:34)

2) BUNLARI EŞLEŞTİREBİLİR MİSİN?

Ders: Türkçe

Sınıf: 3 - 4 - 5

Süre: 20 - 30 dakika

Öğrenme Alanı: Konuşma

Kazanım: Soyut kavramlar üzerinde yorum yapabilme

Beceriler: Soyut düşünebilme, hayal gücünü kullanabilme, yaratıcı düşünme

Araç-Gereç-Ortam: Aşağıda belirtilen geometrik şekillerde kesilmiş büyük ve renkli kartonlar, tahta.

Şekiller:

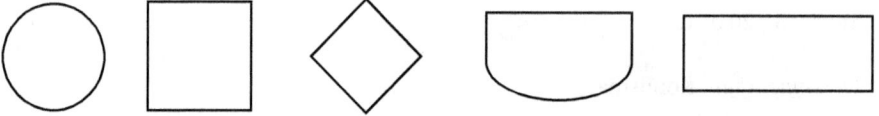

Uygulama: Sınıf beşerli gruplara ayrılır. Her gruba yukarıda belirtilen şekillerde kesilmiş 5 tane karton verilir. Tahtaya 40 adet sıfat (masum, gururlu, açgözlü, korkak, kibar, güzel, yardımsever, tuhaf, zengin, çalışkan, şaşkın... vbg) yazılır. Grup üyelerinden kendilerine verilen geometrik şekillerle tahtada yazılı olan sıfatları eşleştirmeleri ve şekillere anlam yüklemeleri istenir. Üyeler, eşleştirdikleri sıfatları ellerindeki kartonların üzerine yazacaktır. Eşleştirme tamamlandıktan sonra her bir grup üyesi birer şekli alarak neden o şeklin üzerine o sıfatları yazdıklarını açıklamaya çalışır (a.g.e.)

3) ATASÖZÜ / DEYİM BULMACA

Ders: Türkçe

Sınıf: 4 - 5 - 6 - 7 - 8

Süre: 20 - 30 dakika

Öğrenme Alanı: Konuşma

Beceriler: Türkçe'deki atasözleri ve deyimler dağarcığına sahip olmak

Araç-Gereç-Ortam: Yaklaşık 20-30 tane değişik nesne, bitki ya da hayvan resmi. Bu resimler gündelik hayattan hemen her şey olabilir. Örneğin elma, ağaç, kalem, süt, iğne, iplik, dağ, köpek, koyun… vb gibi.

Uygulama: Resimlerden önce bir tanesi tahtaya yapıştırılır ve öğrencilerden resimdeki nesne, bitki ya da hayvanın da adının geçtiği deyim ya da atasözlerinden mümkün olduğunca çok sayıda bulmaları istenir. Bulunan her atasözü ve deyim o resmin hemen altına yazılır. Resimle ilgili başka atasözü ya da deyim bulunamayınca diğer bir resim tahtaya yapıştırılır. Aktivite bu şekilde bütün resimler için devam ettirilir (Orleans:1988).

4) HANGİ SINIFA KOYALIM?

Ders: Türkçe, Hayat Bilgisi

Sınıf: 1 - 2

Öğrenme Alanı: Konuşma

Beceriler: Karar verme, sınıflandırma, çevresindeki varlıkları tanıma

Araç-Gereç-Ortam: Hayvanlar, meyveler, çiçekler, eşyalar olmak üzere 4 grup resim. Her gruptaki resim sayısı eşit olmalıdır. Örneğin 15 tane hayvan resmi varsa yine 15 tane meyve resmi olmalıdır.

Uygulama: Sınıf 4'erli gruplara ayrılır ve daire biçiminde oturmaları istenir. Her gruba 4 takım ve eşit sayıda resim verilir. Resimler grubun toplandığı masada karıştırılır ve grup üyelerinden ortak noktalarına göre ayrıştırmaları istenir. Öğrencilere kesinlikle hangi yönde ayrıştırmaları gerektiği, örneğin; "meyveleri bir tarafa; hayvanları bir tarafa ayırın" gibi sözler söylenmemelidir. Bütün gruplar tamamladıktan sonra her gruptan neden böyle bir sınıflandırma yaptıkları ve resimlerin başka ne tür özelliklerine göre sınıflandırılabileceği sorulur (Mora; 1988:28).

5) HAFIZAN NE KADAR GÜÇLÜ?

Ders: Türkçe

Sınıf: 1 - 2 - 3 - 4 - 5

Süre: 20 - 30 dakika

Öğrenme Alanı: Konuşma

Beceriler: Dikkatli biçimde gözlem yapabilme

Araç-Gereç-Ortam: Uygulanılan yaş düzeyine bağlı olarak 5 adet basit natürmort resim ya da karışık ve karmaşık manzara resimleri seçilmelidir.

Uygulama: Sınıf, 4'erli gruplara ayrılır. Tahtaya resimlerden biri yerleştirilir ve öğrencilerden resmi 2 - 3 dakika dikkatlice incelemeleri istenir. Resim tahtadan kaldırılır ve gruplardan resimle ilgili ne hatırladıkları sorulur.. Resim hakkında en çok ayrıntıyı hatırlayan grup birinci olur. Etkinlik, diğer resimlerin de aynı şekilde gösterilmesiyle devam eder (a.g.e.).

6) RESİMLERİMİZ BENZER Mİ FARKLI MI?

Ders: Türkçe

Sınıf: 1 - 2

Süre: 15 - 20 dakika

Öğrenme Alanı: Konuşma

Beceriler: Gözlem ve kıyaslama yapabilme

Araç-Gereç-Ortam: Grupların sayısıyla doğru orantılı olarak yaklaşık 10 - 15 adet resim. Eğer 10 resim varsa 5 tanesi birbirinin benzeri olmalıdır. Resimler çifterli olarak eşleşmelidir.

Uygulama: Sınıf, 2'şerli gruplara ayrılır. Her grup kendilerine düşen resmi diğer gruplardaki resimlerle karşılaştırarak ellerindeki resmin benzerini bulmalıdır. Karşılaştırmalar yüksek sesle yapılmalıdır. Resimlerin ortak ve ayrılan yönleri belirtilmelidir. Etkinlik, bütün resimler eşleşene kadar devam eder (a.g.e.).

7) BETİMLEME HANGİ RESME AİT OLABİLİR?

Ders: Türkçe/İngilizce

Sınıf: 1 - 2 - 3 - 4 - 5

Süre: 15 - 20 dakika

Öğrenme Alanı: Okuma, konuşma

Beceriler: Okuduğunu anlama, gözlem

Araç-Gereç-Ortam: Yaklaşık 10 - 15 adet resim ve üzerlerinde bu resimlerin betimlemelerinin olduğu kartlar. Resimler ve kartlar grupların sayısıyla eşit olmalıdır.

Uygulama: Sınıf 2'şerli gruplara ayrılır. Resimler tahtaya yerleştirilir, kartlar ise bir masanın üzerine karışık olarak bırakılır. Gruplardan sırayla tahtaya gelip bir resim seçmeleri istenir. Bütün gruplar resimleri seçtikten sonra masaya gidip ellerindeki resmin betimlemesinin yazılı olduğu kartı bulmaya çalışır. İlk bulan grup birinci olur. Herkes bulup eşleştirdikten sonra gruplardan resimleri hakkında konuşmaları istenir (a.g.e.).

8) SPOR RESİMLERİ

Ders: Türkçe/İngilizce

Sınıf: 4 - 5 - 6 - 7 - 8

Süre: 20 - 30 dakika

Öğrenme Alanı: Konuşma, dinleme

Beceriler: İkna edebilme, etkileyici konuşma, dili iyi kullanabilme

Araç-Gereç-Ortam: Basketbol, voleybol, tenis, futbol gibi çeşitli sporları oynayan oyuncu resimleri.

Uygulama: Resimler tahtaya asılır ve öğrencilere en sevdikleri spor dalının hangisi olduğu sorulur. Daha sonra sınıf, öğrencilerin en sevdiği spor dallarına göre gruplara bölünür. Gruplardan; kendi aralarında, 5- 10 dakika, neden o sporu sevdikleri ve o sporun faydaları üzerine tartışmaları istenir. Daha sonra her gruptan sınıfın geri kalanını o sporu sevmeleri için ikna etme amacıyla 5 dakikalık bir konuşma yapmaları istenir (a.g.e.).

9) KİM BİLEBİLİR?

Ders: Türkçe/Hayat Bilgisi/İngilizce/Tarih/Sanat

Sınıf: 2 - 3 - 4 - 5 - 6

Süre: 20 - 30 dakika

Öğrenme Alanı: Konuşma, dinleme

Beceriler: Verilen bir konu hakkında hazırlıksız konuşabilme

Araç-Gereç-Ortam: Sınıftaki öğrenci sayısıyla eşit sayıda günümüzden ya da geçmişten ünlü ve önemli kişilerin resimleri.

Uygulama: Resimler karışık olarak bir masaya yayılır. Öğretmen, tahtaya, "Kim …….. tanıyor?" gibi bir soru yazar. Parmak kaldıran öğrenciden resimlerin karıştırıldığı masaya gidip sorulan şahsın resmini bulması istenir. Öğrencinin, resmi bulduktan sonra o kişi hakkında birkaç dakikalık, kısa bir konuşma yapması gerekmektedir. Uygulama, bütün öğrencilerin katılımını sağlamak için değiştirilebilir. Öğrenciler teker teker çağrılır ve kendilerine söylenen kişinin resmini bulması istenir. Eğer öğrenci, kendisine söylenen kişiyi tanıyamazsa o kişi hakkında bilgi edinip kısa bir konuşma yapması yönünde ödev verilmelidir (a.g.e.).

10) NE ALMAK İSTERDİN?

Ders: Türkçe/İngilizce

Sınıf: 2 - 3

Süre: 15 - 20 dakika

Öğrenme Alanı: Konuşma

Beceriler: Grup çalışmasında etkin rol alabilme, kendini rahatça ifade edebilme

Araç-Gereç-Ortam: Her gruba eşit sayıda ve aynı resimlerden verilir. Resimler, kitap, saat, araba, ev, kalem, gibi çeşitli nesnelerin resimleri olmalıdır.

Uygulama: Sınıf, eşit sayıda gruplara ayrılır ve her gruba aynı resim dizinleri verilir. Daha sonra öğrencilere, yeterince paraları olsa resimdeki nesnelerden hangisini almak istedikleri sorulur. Öğrenciler almak istedikleri nesnenin resmini seçtikten sonra sırayla her bir grup üyesi gruptaki diğer arkadaşlarına seçiminin nedenini anlatır (a.g.e.).

11) BOŞLUKLARI DOLDURALIM!

Ders: Türkçe/ İngilizce

Sınıf: 2 - 3 - 4 - 5

Süre: 20 - 25 dakika

Öğrenme Alanı: Okuma

Beceriler: Tahmin yürütebilme, konuya kısa sürede hâkim olma

Araç-Gereç-Ortam: Sistemli bir biçimde kelimelerin silindiği bir okuma parçası grup sayısına göre çoğaltılır. Kâğıt, kalem.

Uygulama: Etkinlik, uzun bir okuma parçasında öğrencilerin dikkatini toplamak için kullanılabilir. Okuma parşasındaki her 7.ya da 5. kelime silinir ya da üstü karalanır. Sınıf, eşlere ayrılır ve hazırlanan okuma parçalarından her ekibe 1 tane verilir. Öğrenciler, silinen kelimeleri parçanın ve cümlenin anlam bütünlüğünü de göz önünde bulundurarak tahmin etmeye çalışırlar. En çok kelimeyi bulan eş(ler) birinci olur (Maurice, 1988).

12) YARATICILIK KÖŞESİ

Ders: Türkçe/ İngilizce

Sınıf: 2 - 3 - 4 - 5 - 6

Süre: 10 - 15 dakika

Öğrenme Alanı: Yazma

Beceriler: Yaratıcı düşünme

Araç-Gereç-Ortam: Herhangi bir şeklin kopyası sınıftaki öğrenci sayısı kadar basılır.

Uygulama: Kâğıtlar, öğrencilere dağıtılır ve ilk 5 dakika hiç bir şey yapmadan sadece resmi incelemeleri istenir. Öğrencilerden resmi herhangi bir şeye benzetmeleri ve bunu yaparken mümkün olduğunca yaratıcılıklarını kullanmaları istenir. Daha sonra cevaplarını resmin hemen altındaki boşluğa yazmaları gerekmektedir. Sorunun doğru bir cevabı yoktur ve bu nedenle en yaratıcı ilk 5 cevap sınıf panosuna asılır (a.g.e.).

13) YANLIŞ BUNUN NERESİNDE?

Ders: Türkçe/ İngilizce

Sınıf: 3 - 4 - 5 - 6 - 7 - 8 - 9

Süre: 1 ders süresi

Öğrenme Alanı: Konuşma

Beceriler: Karar verme, kıyaslama yapabilme.

Araç-Gereç-Ortam: 30 tane, birbirinden bağımsız cümle 2 liste halinde (A listesi ve B listesi 15'er tane cümle içerir.) öğrencilere dağıtılır. Listedeki cümle sayıları ve zorluğu seviyeye göre artırılabilir ya da azaltılabilir.

Uygulama: Sınıf, eşit sayıda gruplara ayrılır. Örneğin 4 tane grup yapılmışsa 2 tanesine A, 2 tanesine B listesi verilir. Listedeki kelimelerin birkaç tanesi hariç her birinin bir anlatım ya da dilbilgisi bozukluğu içerdiği söylenir. Öğrenciler, ilk aşamada grup arkadaşlarıyla çalışarak hatalı cümlelerin hangileri olduğu üzerinde çalışır daha sonra da cümlelerdeki hataları saptarlar. İkinci aşamada A listesine sahip olan grup, B listesine sahip olan gruba kendi listesinden bir cümle söyleyerek hatayı tespit etmesini ister. Benzer bir hata B listesinde de varsa belirtirler. Etkinlik grupların karşılıklı soru-cevapları ile devam eder (Baddock, 1988).

14) KOMPOZİSYONUMU DÜZELTİR MİSİN?

Ders: Türkçe/ İngilizce

Sınıf: 4 - 5 - 6 - 7 - 8

Süre: Bir ders süresi

Öğrenme Alanı: Yazma

Beceriler: Düşüncelerini yazılı olarak ifade edebilme, dilbilgisi kuralları konusunda yetkinlik

Araç-Gereç-Ortam: Kâğıt, farklı renklerde 2'şer tane kalem.

Uygulama: Öğrencilere en sevdikleri nesne ya da kişinin kim olduğu sorulur. Birkaç öğrencinin cevabı alınır. Öğrencilerden o nesne ya da kişiyi neden çok sevdikleri ve hayatlarındaki önemi ile ilgili bir sayfalık bir kompozisyon yazmaları istenir. Kompozisyonlar bittikten sonra bütün kâğıtlar toplanarak karışık olarak sınıfa tekrar dağıtılır. Kimsenin kendi kâğıdını almamasına özen gösterilir. Herkes bir arkadaşının kompozisyonunu aldığında farklı renkte kalemle kompozisyonda gördükleri hataları düzeltmeleri istenir. En sonunda bütün kompozisyonlar toplanarak öğretmene teslim edilir (Hvitfeldt, 1988).

15) KARAR VERİN HÂKİM BEY!

Ders: Türkçe/ İngilizce/ Hayat Bilgisi

Sınıf: 4 - 5 - 6 - 7 - 8

Süre: 1 ders süresi

Öğrenme Alanı: Konuşma, dinleme

Beceriler: Rol yapabilme, olayları çözümleyebilme

Araç-Gereç-Ortam: Öğrencilerin rollerinin yazılı olduğu kartlar.

Uygulama: Dersin başında öğrencilerden sınıfa duruşma odası şekli vermeleri istenir. 8 ya da 12 tane gönüllü öğrenci seçilir. Seçilen öğrenciler 4'erli gruplara ayrılır. Öğrencilere rollerinin yazılı olduğu kartlar verilir. Her grupta 1 suçlu, 1 avukat,1 hakim ve 1 de gazeteci olmalıdır. Örnek : Suçlu: Dün gece çok hasta olan eşini hastaneye yetiştirirken kırmızı ışıkta geçtin ve bir araca çarptın, büyük hasar var. Avukat: Duruşma sırasında suçluya çeşitli sorular sorar. "Dün gece ne oldu? Neden hızlı sürüyordun? vb". Hâkim: Seyirci öğrencilerle beraber avukatı ve suçluyu dinler. Seyirci öğrencilerden de fikir alarak suçluya verilecek cezaya karar verir. Gazeteci: Sınıfa duruşmada neler yaşandığını özetler. Etkinlik, bütün gruplar oyunlarını bitirdiğinde sona erer (Sokolsky, 1988).

16) BENİM CANAVARIM!

Ders: Türkçe/ İngilizce

Sınıf: 1 - 2 - 3 (İngilizce dersinde daha üst sınıflara da uygulanabilir.)

Süre: 10 - 15 dakika

Öğrenme Alanı: Dinleme

Beceriler: Betimlemeler doğrultusunda hayal gücünü resmetme

Araç-Gereç-Ortam: Kâğıt, renkli boya kalemleri.

Uygulama: Öğrencilerden verilen direktiflere uygun olarak zihinlerinde canlandırdıkları canavarı çizmeleri istenir. Örneğin öğrencilere, "Kocaman bir kafa çizin, gözleri küçücük ve tuhaf bir renkte çizin, saçları kırmızı olsun, kulakların yerini siz ayarlayın vb." gibi direktifler verilir. Öğrenciler çizimlerini tamamladıktan sonra canavarlarını gösterir, anlatır ve karşılaştırmalar yapılır (Satiriadis & Bilenk, 1986).

17) SADECE 20 SORU!

Ders: Türkçe/ İngilizce

Sınıf: 2 - 3 - 4 - 5 - 6 - 7

Süre: 20 - 30 dakika

Öğrenme Alanı: Konuşma

Beceriler: Tahmin yürütebilme

Araç-Gereç-Ortam: Öğrencilerden tahmin etmesini beklediğimiz nesne, yer ya da ünlü bir kişinin isminin yazılı olduğu kartlar.

Uygulama: Sınıf, 2 büyük gruba ayrılır. A grubundan bir öğrenci tahtaya çağrılır ve kendisine bir kart verilir. Her iki grup da kartta yazılanı tahmin etmek için yalnız 20 soru sorma hakkına sahiptir. Sorular, "evet, hayır, bazen evet, bazen hayır" şeklinde cevaplandırılacak sorular olmalıdır. Soruyu soran grup, "evet" cevabını aldıysa soru sormaya devam eder; "hayır" cevabı soru sorma sırasını karşı gruba verir. Soruyu soracak olan takım 30 saniye içinde bir soru bulamazsa soru sorma sırasını kaybeder. Aktivite, bütün kartlar bitene kadar devam eder (McGinn, 1978).

18) BİR SORUNUM VAR!

Ders: Türkçe/ İngilizce

Sınıf: 4 - 5 - 6 - 7 - 8 - 9

Süre: Etkinlik, ev ödevi olarak verilir.

Öğrenme Alanı: Konuşma, yazma, dinleme

Beceriler: Hikaye kurgulayabilme, çözüm üretme

Araç-Gereç-Ortam: Kâğıt, kalem, CD, ses kayıt cihazı, bilgisayar

Uygulama: Öğrenciler, kendi isim ve soy isimlerini de kullandıkları, komik, eğlenceli, kısa bir öykü yazarlar. Öykünün içeriği ne olursa olsun kahramanın önemli bir sorunu vardır ve bir türlü çözüm bulamaz. Öğrenciler yazdıklarını bir CD'ye kaydederler. Ertesi gün bütün CDler toplanır ve sınıfta rastgele dağıtılır. CD'yi alan öğrenci, arkadaşının hikâyesini dinleyerek soruna bir çözüm bulur ve kendi sesiyle çözümü kaydeder. Daha sonra bütün CDler derste dinlenir (Cuenca, 1994).

19) SADECE BİR ŞİİR

Ders: Türkçe/ İngilizce

Sınıf: 3 - 4 - 5 - 6 - 7

Süre: Ev ödevi olarak verilir.

Öğrenme Alanı: Yazma, konuşma

Beceriler: Şiir yazma ya da okuma

Araç-Gereç-Ortam: Kâğıt, kalem, bilgisayar.

Uygulama: Öğrencilerden, kendi yaşamları, aileleri, arkadaşları, hissettikleri, hobileri ya da bir problemleri ile ilgili, komik, eğlenceli, ya da duygusal bir dörtlük yazmaları istenir. Eğer öğrenci yazmakta zorlanıyorsa ünlü bir şairin bir şiirini ezberlemesi istenir. Daha sonra bütün öğrenciler yazdıkları ya da ezberledikleri şiire uygun bir fon müziği bularak şiirlerini sınıfta okuyacaktır (a.g.e.).

20) SEVGİLİ GÜNLÜK!

Ders: Türkçe/ İngilizce

Sınıf: 3 - 4 - 5 - 6 - 7 - 8

Süre: 1 hafta (ev ödevi olarak verilir)

Öğrenme Alanı: Yazma

Beceriler: Düşüncelerini yazılı olarak ifade edebilme

Araç-Gereç-Ortam: İnce bir defter, kalem, isteğe bağlı olarak renkli boya kalemleri veya fotoğraflar kullanılabilir.

Uygulama: Öğrencilerden sadece bir hafta süresince her gün başlarından geçen olayları bir günlük'e yazmaları istenir. Eğer o gün kayda değer, ilginç bir olay yaşanmadıysa ya da diğer günler gibiyse, hayal güçlerini kullanarak bir olay yaratmaları ve onu yazmaları istenir. Günlüğe, resim çizme, fotoğraf ya da konu ile ilgili bir gazete kupürü yapıştırma gibi renklendirmeler artı puan getirecektir. Bir hafta sonra getirilen ödevler sınıfta gösterilir ve anlatılır. Dinleyenler düşüncelerini belirtir ve sınıfça geliştirilmiş bir değerlendirme ölçeği kullanılarak en başarılılar saptanır (a.g.e.).

21) BEN ÇOK ÜNLÜYKEN

Ders: Türkçe/ İngilizce

Sınıf: 4 - 5 - 6 - 7 - 8

Süre: 20 - 25 dakika (sunum)

Öğrenme Alanı: Yazma, konuşma, okuma

Beceriler: Araştırma, rol yapma

Araç-Gereç-Ortam: Araştırma yapabilmek için kütüphane ya da internet, rolün gerektirdiği eşyalar, kâğıt, kalem.

Uygulama: Etkinliğin ilk basamağı ev ödevi olarak verilir. Öğrencilerden, kendilerini yaşayan ya da yaşamış bir ünlü ismin yerine koymaları istenir. Bu isim bir sinema yıldızı, şarkıcı, politikacı, roman karakteri ya da bir çizgi film kahramanı bile olabilir. Öncelikle karakterin biyografisi araştırılmalı, daha sonra da sınıfta seçtikleri karakterin rolü alınarak, onun gibi davranarak karakterin biyografisi anlatılmalıdır. Sınıfın geri kalanı anlatılan kişinin kim olduğunu tahmin etmeye çalışır. Çeşitli sorular sorulabilir (a.g.e.).

22) BENİM ALFABEM

Ders: Türkçe/ İngilizce

Sınıf: 1 - 2 - 3 - 4 - 5

Süre: 20 - 25 dakika

Öğrenme Alanı: Yazma, konuşma

Beceriler: Yazılı ve sözlü ifade edebilme

Araç-Gereç-Ortam: Kağıt, kalem.

Uygulama: Öncelikle her öğrenciden alfabeden rasgele 5 harf seçip bir kâğıda yazmaları istenir. Seçilen harflerle başlayan 5 tane kelimeyi aynı kağıda yazmaları istenir. Seçilen kelimeler onlar için bir anlam ifade etmelidir. Kelimenin hemen altına ifade ettiği şey kısaca yazılır. Örnek:

A- Ankara- 5 yıl önce Ankara'ya yaz tatilimi geçirmeye gittiğimde…

Daha sonra bütün öğrenciler sırayla tahtaya çağrılarak yazdıkları bir harfi ve kendileri için ifade ettiği şeyi arkadaşlarıyla paylaşmaları istenir (a.g.e.).

23) YURTDIŞINDAN BİR KARTPOSTAL VAR!

Ders: Türkçe/ İngilizce

Sınıf: 3 - 4 - 5 - 6 - 7 - 8

Süre: 20 - 30 dakika

Öğrenme Alanı: Yazma, konuşma, dinleme

Kazanım: Çeşitli ülke ve kültürler hakkında bilgi sahibi olurlar

Beceriler: Grup çalışmasında uyumlu biçimde fikir alış-verişinde bulunma, yaratıcılık

Araç-Gereç-Ortam: Grup sayısına göre, dünyanın çeşitli ülkelerinden gelen kartpostallar, kalem.

Uygulama: Sınıf, 2'şerli gruplara ayrılır. Her gruba bir kartpostal verilir. Öncelikle grup üyelerinden 5 dakika süreyle kartpostaldaki şehir, şehrin bulunduğu ülke, konuşulan dil gibi konularda beyin fırtınası yapmaları istenir. Daha sonra kartpostalın arkasına sanki o şehirden yazıyormuş gibi o şehirdeki anılarını, yediklerini, içtiklerini, tanıştığı ilginç kişileri, Türkiye'deki bir arkadaşlarına yazmaları istenir. Bütün gruplar yazma işini bitirince kartpostallar toplanır ve karıştırılarak gruplara tekrar dağıtılır. Her grup elindeki kartpostalı yüksek sesle okur. Okunan kartpostallar içinde en güzel 5 tanesi sınıf panosuna asılır (a.g.e.).

24) GİZEMLİ PAKET

Ders: Türkçe/ İngilizce

Sınıf: 1 - 2 - 3 - 4 - 5 (İngilizce dersinde her düzey sınıfta kullanılabilir.)

Süre: 15 - 20 dakika

Öğrenme Alanı: Konuşma

Beceriler: Tahmin yürütme, soru sorma

Araç-Gereç-Ortam: Süslü bir hediye paketi ve içinde öğrencilerin tahmin etmesi beklenen bir nesne. Örnek: bir emzik konulabilir. Komik ve eğlenceli olur.

Uygulama: Dersin başında hediye paketi bütün öğrencilerin görebileceği bir yere yerleştirilir. Daha sonra öğrencilerden paketin içinde ne olduğunu tahmin etmeleri istenir. Bilen öğrenciye de paketin hediye edileceği söylenir. Sorular "evet" ya da "hayır" diye cevaplandırılacak nitelikte olmalıdır. Her öğrencinin sınırsız soru sorma fakat en fazla 4 tahmin yürütme hakkı vardır (Daoud, 1994).

25) PEKİ SONRA NE OLDU?

Ders: Türkçe/ İngilizce

Sınıf: 3 - 4 - 5 - 6 - 7 - 8

Süre: 30- 35 dakika

Öğrenme Alanı: Yazma

Beceriler: Öykü kurgulama

Araç-Gereç-Ortam: Kâğıt, kalem.

Uygulama: Öğrencilerden, "Külkedisi, Pamuk Prenses, Uyuyan Güzel, Mavi Sakal, Kırmızı Başlıklı Kız vb." gibi çok ünlü bir hikayenin sonunu isteklerine göre değiştirerek ya da özgün yazıya bağlı kalarak öykünün devamını yazmaları istenir (Cuenca & Carmona, 1986).

26) ŞİİRİ TAMAMLAYALIM

Ders: Türkçe/ İngilizce

Sınıf: 5 - 6 - 7 - 8 - 9

Süre: 25- 30 dakika

Öğrenme Alanı: Yazma

Beceriler: Uyak, redif, ölçü gibi şiirin temel bilgilerine sahip olma, yaratıcılık

Araç-Gereç-Ortam: Kâğıt, kalem.

Uygulama: Öğrencilerden eşleşmeleri istenir. Her ikiliye çeşitli şiirlerin ilk 2 satırının yazılı olduğu bir kâğıt verilir. Öğrencilerden kâğıttaki şiirlerden birini seçip devamını kendi isteklerine göre yazmaları istenir. Şiirin uzunluğu öğrencinin isteğine bağlıdır. Verilen sürenin sonunda her grup şiirini okur. Oy birliği ile en iyi 5 şiir seçilerek sınıf panosuna asılır (a.g.e.).

27) ZİNCİRLEME HİKÂYE

Ders: Türkçe/ İngilizce

Sınıf: 3 - 4 - 5 - 6 - 7 - 8

Süre: 30 - 35 dakika

Öğrenme Alanı: Yazma

Beceriler: Hikaye kurgulama

Araç-Gereç-Ortam: Kağıt, kalem.

Uygulama: Öğrencilerden bir kâğıt çıkarmaları istenir. Daha sonra tahtaya "Kim?" yazılır. Öğrencilerden sayfanın en başına herhangi bir isim yazmaları istenir. Bu ünlü bir kişinin ismi, bir çizgi film kahramanı ya da sınıftan birinin ismi olabilir. Öğrenciler cevabı yazdıktan sonra cevabın yazılı olduğu kısmı katlayarak kâğıdı yanlarındaki arkadaşlarına uzatırlar. Öğretmen tahtaya 2. soruyu yazar: "Nerede?" ve öğrencilerden yine hayal güçlerini kullanarak ilginç bir cevap yazmalarını ve kâğıdı yine kıvırarak arkadaşlarına vermeleri istenir. Etkinlik bu şekilde bütün sorular bitene kadar devam eder. Bütün sorular cevaplanınca kâğıdı en son alan kişi kâğıdı açar ve cevapları birleştiren bir paragraf yazar. Daha sonra bütün öğrenciler yazdıklarını yüksek sesle okur. En güzel 5 yazı sınıf panosuna asılır (a.g.e.).

28) FLAŞ HABER!

Ders: Türkçe/ İngilizce

Sınıf: 3 - 4 - 5 - 6 - 7 - 8

Süre: 25 - 30 dakika

Öğrenme Alanı: Yazma

Beceriler: Yaratıcılık, hikâye kurgulama

Araç-Gereç-Ortam: Çeşitli gazete başlıkları kesilip fotokopi ile grup sayısı kadar çoğaltılır.

Uygulama: Sınıf, 4'erli ya da 3'erli gruplara ayrılır. Gazete başlıklarının bulunduğu kâğıtlardan her gruba 1 tane verilir. Öğrencilerden, başlıklardaki kelimeleri karıştırarak yeni başlıklar bulmaları istenir. Bulunan bileşenler dilbilgisi kurallarına uygun olmalıdır. Öğrencilerden, etkinliğin ikinci aşamasında buldukları başlıkların altına uygun bir haber yazmaları istenir (a.g.e.).

29) KOMİK YANITLAR

Ders: Türkçe/ İngilizce

Sınıf: 2 - 3 - 4 - 5

Süre: 10 - 15 dakika

Öğrenme Alanı: Yazma, konuşma

Beceriler: Yaratıcılık

Araç-Gereç-Ortam: Kâğıt, kalem, 2 tane kutu.

Uygulama: Etkinlik, ders başında bir ısınma çalışması olarak ya da öğrencilerin sıkıldığı bir anda ilgilerini derse toplamak amacıyla kullanılabilir. Öğrencilerden bir adet kâğıt çıkarıp 2'ye bölmeleri istenir. Kâğıdın birine yaratıcılıklarını kullanarak ilginç, tuhaf ya da komik bir soru yazmaları istenir. Diğer kâğıda ise sorunun cevabını yazacaklardır. Soruların yazılı olduğu kâğıtlar bir kutuda; cevapların yazılı olduğu kâğıtlar ise diğer kutuda toplanır. Tahtaya bir öğrenci çağrılır ve soru kutusundan rastgele bir kâğıt seçip okuması istenir. Diğer bir öğrenci ise cevap kutusundan bir kâğıt seçip okur. Ortaya çıkabilecek bazı kombinasyonlar komik olabilecek ve sınıfta eğlenceli bir ortam yaratacaktır (Silvers, 1982).

30) OYUN KUTUSU

Ders: Her derste kullanılabilir

Sınıf: 2 - 3 - 4 - 5 - 6

Süre: 5 dakika

Öğrenme Alanı: Konuşma

Beceriler: Dersi iyi takip etme, dikkat

Araç-Gereç-Ortam: Kâğıt, kalem, 1 tane kutu.

Uygulama: Öğrencilerden bir küçük kâğıt çıkarıp sınıfta yapılabilecek, eğlenceli bir emir cümlesi yazmaları istenir. Örnek: "Tek ayaküstünde sınıfta bir tur at, 3 kere bir daha uslu duracağım diye bağır" ve bunun gibi. Öğrencilerin her birinin farklı bir cümle yazmasına özen gösterilir. Daha sonra bütün cümleler bir kutuda toplanır. Ders boyunca dersi iyi dinlemeyen, yaramazlık yapan ya da daha önce sorulmuş bir soruya 2. defa yanlış cevap veren öğrenci, kutudan bir kâğıt seçer ve kâğıtta yazan emri yerine getirir. Uygulamanın eğlenceli bir yaptırımı olup bütün öğrencilerin dikkatlerini derse vermelerini sağlar (Wagner, 1982).

31) ACABA NE SÖYLEDİ?

Ders: Türkçe/ İngilizce

Sınıf: 2 - 3 - 4

Süre: 10 - 15 dakika

Öğrenme Alanı: Yazma, konuşma

Beceriler: Tahmin yürütme, karar verme

Araç-Gereç-Ortam: Konuşma baloncuklarının bir kısmı silinmiş ya da kesilmiş çeşitli karikatürler.

Uygulama: Öğrencilerden eşleşmeleri istenir. Kendilerine verilen karikatürlerdeki boşlukları yaratıcılıklarını kullanarak doldurmaları istenir. Daha sonra yine yaratıcılıklarını kullanarak karikatürde geçen olayın öncesini ve sonrasını anlatan bir paragraflık bir kompozisyon yazmaları istenir (MEB Öğretmen Yetiştirme Projesi ' 85 Dokümanları).

32) KARİKATÜRLERİ EŞLEŞTİRELİM

Ders: İngilizce/ Türkçe

Sınıf: 2 - 3 - 4 - 5

Süre: 10 - 15 dakika

Öğrenme Alanı: Konuşma

Beceriler: Tahmin yürütme, analiz etme, karar verme

Araç-Gereç-Ortam: Bir kâğıda, konuşma baloncukları kesilmiş ya da silinmiş çeşitli karikatürler yapıştırılır. Bir başka kâğıda ise o karikatürlerin konuşma baloncukları yazılır. Her iki kâğıt da grup sayısı kadar çoğaltılır.

Uygulama: Sınıf, öğrenci sayısına göre 2 ya da 3'lü gruplara ayrılır. Her gruba karikatürlerin ve konuşma baloncuklarının olduğu kâğıttan 1 tane verilir. Öğrencilerden karikatürlerle cümleleri eşleştirmeleri, kimin neyi söylemiş olacağını tahmin etmeleri istenir. Eşleştirme bittikten sonra öğrenciler seçimlerinin nedenini sözlü olarak anlatır (a.g.e.).

33) KARİKATÜRÜN DEVAMI

Ders: İngilizce/ Türkçe

Sınıf: 2 - 3 - 4 - 5

Süre: 15 - 20 dakika

Öğrenme Alanı: Konuşma, dinleme, yazma

Beceriler: Tahmin yürütme, çözümleme, karar verme

Araç-Gereç-Ortam: Her gruba farklı bir karikatür serisi verilir.

Uygulama: Sınıf, 3 ya da 4'lü gruplara ayrılır. Her gruba farklı bir karikatür serisi verilir. Karikatürler verilmeden önce son kareleri kesilir ve öğretmen masasında toplanır. Öğrencilerden verilen karikatür serisinin son karesinde ne olabileceğini tahmin etmeleri istenir. Karelerde geçen olayları anlatan bir paragraflık bir kompozisyon yazmaları istenir. Daha sonra her gruptan bir öğrenci çağrılır ve masanın üzerindeki karelerden rastgele bir tane seçip betimlemesi istenir. Betimlenen kare hangi gruba uyuyorsa yüksek sesle belirtirler. Etkinlik, bütün gruplar son karelerine ulaşana kadar devam eder. En yakın tahminde bulunan gruplar kazanır (a.g.e.).

34) KİŞİLİK ANALİZİ

Ders: İngilizce/ Türkçe

Sınıf: 2 - 3 - 4 - 5

Süre: 15 - 20 dakika

Öğrenme Alanı: Konuşma, yazma

Beceriler: Tahmin yürütme, çözümleme, karar verme

<u>Araç-Gereç-Ortam</u>: Her gruba farklı bir karikatür karesi verilir.

<u>Uygulama</u>: Sınıf, 3'erli gruplara ayrılır. Her gruba farklı bir karikatür verilir. Öğrencilerden, karikatürde geçen olayı ve kahramanların yüz ifadeleri göz önünde bulundurularak kişilik analizlerini yapmaları, ruh halini betimleyen sıfatları not etmeleri ve kendilerinin aynı durumda olsalar nasıl davranacaklarını nedenleriyle anlatan bir paragraf yazmaları daha sonra bunu bütün sınıfla paylaşmaları istenir (a.g.e.).

35) KARTPOSTAL OYUNU

<u>Ders</u>: İngilizce/ Türkçe

<u>Sınıf</u>: 3 - 4 - 5 - 6 - 7 - 8

<u>Süre</u>: 30 - 40 dakika

<u>Öğrenme Alanı</u>: Konuşma, yazma, dinleme

<u>Beceriler</u>: İyi gözlem yapabilme, yazılı olarak ifade edebilme

<u>Araç-Gereç-Ortam</u>: Çeşitli anakentlerin (Paris, İstanbul, Madrid, vb.) kartpostalları. Her şehrin 2 farklı kartpostalı olmalıdır. Kartpostallar öğrenci sayısı kadar olmalıdır. Kâğıt, kalem.

<u>Uygulama</u>: Öğrencilerden 4 ya da 5 kişilik gruplara ayrılmaları istenir. 1 kişi aynı zamanda hakem olacaktır. Her öğrenciye bir tane kartpostal verilir ve kimseye göstermemeleri istenir. Bir grupta 2 aynı kartpostal olmamalıdır. Bütün öğrencilerden kartpostallarını aldıktan sonra bir köşeye çekilip kartpostalı betimleyen 1 paragraflık bir yazı yazmaları istenir. Yazıda özel isim (Örneğin; Eyfel kulesi) veya şehrin bulunduğu ülke adı yazılmamalıdır. Bütün yazılar ve kartpostallar gruplardaki hakemler tarafından toplanır. Kartpostallar masaya açılır ve hakem sırayla grup üyelerinin yazdığı betimleyici yazıları okur. Grubun diğer üyeleri betimlenen şehri ve kartpostalı doğru olarak bilirse grup puan kazanır (a.g.e.).

36) GİZEMLİ MEKTUP

<u>Ders</u>: İngilizce/ Türkçe

<u>Sınıf</u>: 3 - 4 - 5 - 6 - 7 - 8

<u>Süre</u>: 20 - 25 dakika

Öğrenme Alanı: Yazma

Beceriler: Mektup yazma çeşitleri ve koşulları hakkında ön bilgiye sahip olma, bağlaçları kullanabilme.

Araç-Gereç-Ortam: Bir mektuptaki bütün cümlelerin sırası karıştırılarak tekrar yazılır ve grup sayısı kadar çoğaltılır. Kâğıt, kalem.

Uygulama: Sınıf, eşlere ayrılır. Her gruba cümlelerin sıralamasının karışık olduğu mektuptan bir tane verilir. Öğrencilerden mektubu, cümleleri düzgün biçimde yeniden sıraya koyarak yazmaları istenir. Bunu yaparken de mektup yazmanın usullerini, bağlaçların uyumunu ve cümlelerin mantıksal sıralamasını göz önünde bulundurmaları istenir (a.g.e.).

37) SINIFLANDIRMA OYUNU

Ders: Türkçe/Hayat Bilgisi/ İngilizce

Sınıf: 3 - 4 - 5 - 6 - 7 - 8

Süre: 25 - 30 dakika

Öğrenme Alanı: Konuşma, dinleme

Beceriler: Tahmin yürütme

Araç-Gereç-Ortam: Kâğıt, kalem.(not almak için)

Uygulama: Sınıf, 5'erli gruplara ayrılır. Her gruptan kendilerine bir sınıf adı vermeleri ve grup üyelerinin de o sınıfın bir elemanı rolünü almaları istenir. Örnek: Grup adı: Vitaminler Üyeler: A vitamini, B vitamini, C vitamini, D ve E vitamini. Daha sonra grup üyeleri, sınıfın geri kalanına sadece grubun adını söyler ve grup üyeleri sırayla kendi özelliklerini anlatır. Öğrenciler söz konusu sınıfın (kategorinin) elemanlarını anlatılanlara göre tahmin etmeye çalışır. Etkinlik, aynı şekilde bütün gruplar için devam ettirilir (a.g.e.).

38) MİMİKLERİNLE KONUŞ!

Ders: İngilizce/ Türkçe

Sınıf: 4 - 5 - 6 - 7 - 8

Süre: 30 - 35 dakika

Öğrenme Alanı: Konuşma, dinleme

Beceriler: Taklit yapabilme, tahmin yürütme, mimiklerini etkin biçimde kullanma

Araç-Gereç-Ortam: Öğrencilere verilecek diyalogların yazılı olduğu kartlar.

Uygulama: Sınıf, 2 ya da 3'lü eşit gruplara ayrılır. Her gruba sadece mimiklerini kullanarak anlatacakları diyalogların yazılı olduğu kartlar verilir. Örnek: "A: Müzik çok güzel değil mi? B: Evet, dans edelim mi? vb..." diğer gruplar ise diyalogda söylenenleri öğrencilerin mimiklerine bakarak tahmin etmeye çalışırlar. Her doğru tahmin, tahmin eden gruba da canlandırmayı yapan gruba da 1 puan kazandırır. Oyunun sonunda en çok puanı olan grup 1. olur (a.g.e.).

39) HECE AVI

Ders: İngilizce/ Türkçe

Sınıf: 2 - 3 - 4 - 5

Süre: 15 - 20 dakika

Öğrenme Alanı: Konuşma, yazma

Beceriler: Dikkatli olma

Araç-Gereç-Ortam: 25-30 tane (seviyeye göre sayı artırılabilir), birleştirildiğinde anlamlı kelimeler oluşturacak hecelerin yazılı olduğu bir kâğıt, sınıftaki grup sayısı kadar çoğaltılır.

Uygulama: Sınıf, 2'şerli gruplara ayrılır. Hecelerin yazılı olduğu kâğıtlardan her gruba 1 tane verilir. Öğrencilerden, heceleri birleştirerek maksimum sayıda birleşim oluşturmaları istenir. 2 heceli bir kelime oluşturulduğunda 2 puan; 3 heceli bir kelime oluşturulduğunda 4 puan; 4 heceli bir kelimede ise 8 puan kazanacaklardır. En çok puanı en çabuk toplayan grup birinci olur (a.g.e.).

40) SÜT NASIL İŞLENİR?

Ders: Türkçe – İngilizce

Sınıf: 4 - 5

Süre: 15 - 20 Dakika

Öğrenme Alanı: Dilbilgisi

Kazanımlar: Etken ve edilgen fiilleri kullanmayı öğrenir.

Beceriler: Bir süreci anlatabilme

Araç-Gereç-Ortam: Bir okuma parçası, fotokopiyle çoğaltılmış tablolar, tahta için "süreç" diyagramı.

Uygulama: Öğrencilere bir kısmı doldurulmuş tablolar dağıtılır. "Süt Nasıl İşlenir?" parçası (ya da herhangi bir süreç içeren bir parça) okunur. Çocuklardan fiil boşluklarını doldurmaları istenirken aynı zamanda tahtadaki tablonun boşlukları da doldurulur. Daha sonra öğrencilere tahtadaki fiillerin ortak özellikleri sorulur (Etken/edilgen olmaları). Bu özellikler tartışılır. Daha sonra parça tekrar okunur. Eksik yerler tamamlanır ve sürecin basamakları tartışılır (ELT Journal, 1978).

41) BUNLAR KİMİN?

Ders: Türkçe – İngilizce

Sınıf: 2 - 3

Süre: 20 Dakika

Öğrenme Alanı: Dilbilgisi

Kazanım: Kişi adılları kullanmayı öğrenir.

Beceri: Sahiplik duygusu kazanma

Araç-Gereç-Ortam: Cüzdan, şemsiye, kitap, kemer vb. eşyalar.

Uygulama: Bir öğrenci kayıp eşya bürosunda görevli olur. Sınıftaki öğrenciler tek tek gidip kayıp eşya bürosundan eşyalarını sorar. Görevli de cevap olarak kişi adıllarıyla sorular sorar. Örneğin; "Bu sizinki mi?" vb. (MEB Öğretmen Yetiştirme Projesi ' 85

Dokümanları).

42) BAKALIM NELER OLACAK?

Ders: Türkçe- İngilizce

Sınıf: 3 - 4 - 5 - 6

Süre: 20 Dakika

Öğrenme Alanı: Dilbilgisi

Kazanım: Gelecek zamanı kullanabilir.

Beceriler: Gelecek hakkında düşünme.

Araç-Gereç-Ortam: Falcı küresi

Uygulama: Öğrenciler sırayla falcı kılığına girer. Müşteri olarak gelen diğer öğrencilere gelecek zaman kullanarak olacakları anlatır (a.g.e.).

43) BEN SENİN YERİNDE OLSAM...

Ders: Türkçe - İngilizce

Sınıf: 4 - 5 - 6 - 7

Süre: 10 Dakika

Öğrenme Alanı: Dilbilgisi

Kazanım: Koşul cümlelerini kullanabilir.

Beceriler: Kendini bir başkasının yerine koyabilme.

Uygulama: Bir öğrencinin biletine ikramiye çıktığı farz edilir. Diğer öğrencilerden ona "Ben senin yerinde olsam, ..." diye tavsiyelerde bulunması istenir (a.g.e.).

44) HANGİSİ?

Ders: Türkçe - İngilizce

Sınıf: 5 - 6 - 7

Süre: 15 Dakika

Öğrenme Alanı: Dilbilgisi

Kazanım: Nesneler, insanlar, hayvanlar vb. arasında karşılaştırma yapabilir.

Beceriler: Karşılaştırma yapabilme.

Araç- Gereç-Ortam: Tahtaya çizilmiş bir tablo.

Uygulama: Tahtaya belli yiyeceklerin karbonhidrat, yağ, protein ve su değerlerini gösteren bir tablo çizilir. Daha sonra öğrencilere hangilerini yerlerse daha fazla protein, yağ, su vb. alacakları / hangi yiyeceğin daha yağlı olduğu gibi karşılaştırmalı sorular sorulur (a.g.e.).

45) KİM DAHA UZUN?

Ders: Türkçe - İngilizce

Sınıf: 3 - 4 - 5

Süre: 15 - 20 Dakika

Öğrenme Alanı: Dilbilgisi

Kazanım: Nesneler, insanlar, hayvanlar vb. arasında karşılaştırma yapabilir.

Beceriler: Karşılaştırma yapabilme.

Araç- Gereç- Ortam: Bir grup insanın fotoğrafının iki tane fotokopisi.

Uygulama: Öğretmen sınıfta gruplar oluşturarak bir fotoğrafın iki fotokopisini gruplara dağıtır. Tahtaya Ayşe – Ali /şişman, Fatma – Osman /zayıf, Esin – Suzan /uzun gibi ipuçları yazar. Çocuklardan ellerindeki fotoğraflara bakarak soru cevap şeklinde fotoğraflardaki insanları karşılaştırmalarını ister (a.g.e.).

46) NE ZAMAN?

Ders: Türkçe - İngilizce

Sınıf: 3 - 4 - 5

Süre: 20 Dakika

Öğrenme Alanı: Dilbilgisi

Kazanım: Zamanları yerinde kullanabilir.

Beceriler: Zaman kavramının farkına varma.

Araç- Gereç- Ortam: Bir tane takvim.

Uygulama: Tahtaya bir takvim asılır. Her güne değişik etkinlikler yazılır. Öğrenciye geçmiş, şimdiki ve gelecek zaman kullanarak hangi günler neler yaptığı ve yapacağı sorulur. Soru cevap şeklinde öğrencinin öğrenmesi sağlanır (a.g.e.).

47) A B C?

Ders: Türkçe - İngilizce

Sınıf: 1 - 2

Süre: 25 Dakika

Öğrenme Alanı: Dilbilgisi - Dinleme

Kazanımlar: Harfleri okuyabilir.

Beceriler: Alfabeyi bilme, okuyabilme.

Araç-Gereç-Ortam: Üzerinde harflerin ve resimlerin olduğu kartlar.

Uygulama: Her karta bir harfin büyüğü ve küçüğü yazılır. Yanına da o harfle başlayan sembolik bir resim çizilir. Öğretmen her harfi telaffuz eder, daha sonra sınıf tekrar eder. Kelimeler de aynı şekilde sınıfa tekrarlatılır. Daha sonra bu işlem karışık sırayla yapılır. Sonuçta hem 29 harf hem 29 kelime öğrenilmiş olur (Perman, 1991).

48)A B C? (Oyun)

Ders: Türkçe - İngilizce

Sınıf: 1 - 2 - 3

Süre: 25 Dakika

Öğrenme Alanı: Dilbilgisi - Dinleme

Kazanımlar: Harfleri okuyabilir.

Beceriler: Alfabeyi bilme, okuyabilme.

Araç-Gereç-Ortam: Üzerinde harflerin yazılı olduğu kartlar.

Uygulama: Harfler tahtaya karışık şekilde yapıştırılır. Sınıf ikiye bölünür. Her gruptan birer öğrenci arkası dönük olarak sınıfın arkasında dururlar. Öğretmen bir harf söyler. Koşarak harfi önce bulan öğrencinin grubu puanı alır. Daha sonra bu öğrenci bulduğu harfi bütün sınıfa yüksek sesle tekrarlatır (ELT Forum, 1991).

49) NERESİ DAHA SOĞUK?

Ders: Türkçe - İngilizce

Sınıf: 3 - 4 - 5

Süre: 15 Dakika

Öğrenme Alanı: Dinleme

Kazanım: Dinlediği metine göre elindeki tabloyu doldurur.

Beceriler: Dikkatini yoğunlaştırma.

Araç- Gereç- Ortam: Satırları hava durumunu gösteren, sütunları şehir isimlerini gösteren tablo.

Uygulama: Tablo fotokopileri öğrencilere dağıtılır. Hava raporu okunur ve öğrencilerin tablodaki boşlukları doldurması istenir. Sonunda ise şehirlerin hava durumları tartışılır. (Hangisi daha sıcak / soğuk vb.) (Mohannaj, 1994).

50) SES DÜZENLEME TEKNİKLERİ

Ders: Türkçe

Sınıf: 5 - 6 - 7

Süre: 10 Dakika

Öğrenme Alanı: Konuşma

Kazanım: Konuşurken nefesini düzgün kullanabilir. Kelimeleri düzgün telaffuz eder.

Beceriler: Konuşma konusunda özgüven geliştirme.

Uygulama: Öğrenciler yoga yapar gibi otururlar. Ağızlarını kapatmaları ve daha sonra ağızlarını açıp kapamaları söylenir. Bu hareketleri sessiz bir şekilde sanki esniyormuş gibi yapmaları istenir. Daha sonra bu esnemeye ses de eklenir. Öğrencilerden ellerini karınlarının üstüne koymaları istenir. Ve öğretmen öğrencilere sırasıyla "maaa....", "muuuu....", "mooooo...", "oooouuuuaaa.." gibi sesler tekrarlatır. Etkinlik derin bir nefes alarak bitirilir (Isabell, 1999).

51) NE, NEDİR?

Ders: Coğrafya - Hayat Bilgisi

Sınıf: 4 - 5 - 6

Süre: 20 Dakika

Öğrenme Alanı: Konuşma - Okuma

Kazanım: Tanımlara uygun yerleri bulabilir. Haritada istenen bölgeleri bulup sınır çizebilir.

Beceriler: Tanımlara uygun yerleri haritada gösterebilme.

Araç-Gereç-Ortam: Su kaynaklarını gösteren bir harita, tanımların yazılı olduğu bir kâğıt, bir parça renkli ip, renkli kalemler.

Uygulama: Harita herkesin görebileceği bir şekilde bir sıraya yerleştirilir. Tanımlar kâğıttan okunur ve okunan tanıma en uygun su kaynağı haritadan bulunur. Su kaynağının üzerine ne olduğu (nehir, göl, dere vb.) renkli kalemlerle yazılır. Daha sonra iple bu su kaynağına dökülen diğer nehirleri de içine alan bir sınır çizilir ELT Forum, 1999).

52) İNTERAKTİF OKUMA PANOSU

Ders: Türkçe - İngilizce - Coğrafya - Tarih

Sınıf: 5 - 6 - 7

Öğrenme Alanı: Okuma - Yazma

Kazanımlar: Okuma alışkanlığı edinir. İlgisini çeken yazıları diğer arkadaşlarıyla paylaşma imkânı bulur.

Beceriler: Sorunları dile getirebilme, arkadaşlarıyla paylaşabilme.

Uygulama: Sınıfa çeşitli gazetelerden getirilen ilgi çekici haberlerin asılı olduğu bir pano asılır. Ayrıca bu panoya küçük boş kâğıtlar yapıştırılarak öğrencilerin istediklerini veya şikâyetlerini oraya yazmaları istenir. Daha sonra öğretmen 2-3 derste bir öğrencilere panodaki haberlerle ilgili sorular sorarak öğrencileri haberleri ve şikâyetleri okumaya güdüler.(Maurice, Vanikieti & Keyuravong, 1989).

53)NEREYE GİTMELİYİM?

Ders: Hayat Bilgisi - İngilizce

Sınıf: 4 - 5- 6

Süre: 30 Dakika

Öğrenme Alanı: Konuşma - Dinleme

Kazanım: Yol tarif edebilir. Yönleri öğrenir.

Beceriler: Karar verme.

Araç- Gereç–Ortam: "Sınıf Kasabası" adında sınıf planını gösteren bir tablo, kartondan yapılmış trafik lambaları.

Uygulama: Her sıra farklı bir dükkânı gösterecek şekilde adlandırılır.(Sıraların üzerine kâğıt yapıştırılarak) örneğin sol yandaki ilk sıra dişçi olur. Köşelere kartondan trafik lambası konur. Sıraların arasındaki boşluklara "Öğrenci Caddesi", "Okuma bulvarı" gibi isimler konur. Daha sonra ise öğrencilerden gitmek istedikleri yeri arkadaşlarına sorarak yollarını bulmaları istenir. Hatta öğrencilere çeşitli durumlar verilerek onları diyaloglara dökmeleri istenir. Örneğin; "Kardeşin hasta olduğu için ona ilaç almalısın" denir ve bir öğrenci arkadaşına eczaneyi tarif eder, bir başkası ise eczanede ona ilaç satar. Böylece öğrenciler günlük konuşma dilini geliştirmiş olur (Acker, 1989).

54) MÜZİĞİN MUCİZESİ

Ders: Türkçe - İngilizce

Sınıf: 5 - 6 - 7

Süre: 15 Dakika

Öğrenme Alanı: Dinleme - Konuşma

Beceriler: Duygularını ifade edebilme.

Uygulama: Öğretmen bir sözsüz müzik parçasını (Örneğin; Mozart'tan bir parça) sınıfa dinletir. Ve öğrencilerden müziği dinlerken içlerinde uyanan fikirleri, hissettikleri duyguları yazmalarını veya akıllarına gelenleri çizmelerini ister. Daha sonra ise bunları öğrencilerin birbirleriyle tartışmalarını ister (Sorani & Tamponi, 1992).

55) KELİME KARELERİ

Ders: Fen Bilgisi

Sınıf: 5 - 6

Süre: 15 - 20 Dakika

Öğrenme Alanı: Dinleme - Konuşma

Kazanımlar: Verilen ipuçlarıyla sorunun doğru cevabına ulaşabilir. Ezberlemesi zor olan Fen'le ilgili terimleri kolay hatırlayabilir.

Beceriler: İpuçları oluşturarak hatırlayabilme.

Uygulama: Büyük bir kare çizilir ve bu kare 16 küçük kareye bölünür. Her kareye dersle ilgili terimlerin ilk iki harfi yazılır. Öğrenciler iki gruba ayrılır. İlk grup bir kare seçer, öğretmen o karedeki terimin tanımını okur. Öğrenciler de bir beyin fırtınası yaparak ilk 2 harfini görebildikleri tanımı bulmaya, hatırlamaya çalışırlar (Tyers, 1992).

56) AKIL HARİTASI*

Ders: Türkçe – İngilizce – Hayat Bilgisi

Sınıf: 5- 6

Süre: 20 Dakika

Öğrenme Alanı: Konuşma – Yazma

Beceriler: "Beyin Fırtınası" yöntemiyle eksik bilgileri bulma.

Araç-Gereç-Ortam: Büyük kâğıtlara çizilmiş akıl haritaları, projektör (isteğe bağlı)

Uygulama: Öğretmen dersten önce bir konuyla ilgili (Örneğin: Futbol) akıl haritası hazırlar. Sonra sınıfı gruplara bölüp bu haritaları dağıtır. Üzerinde tartışarak bu haritaya beyin fırtınası yoluyla yeni bağlantılar eklemelerini ister. Daha sonra gruplar tamamladıkları haritaları projektörle ya da tahtaya yapıştırarak diğer gruplarla paylaşır. Böylece öğrenciler birbirlerinden yeni şeyler öğrenir (Bird, 1993).

57) GİZLİ HAYVANLAR

Ders: İngilizce

Sınıf: 4 - 5 - 6

Süre: 20 Dakika

Öğrenme Alanı: Okuma - Yazma

Beceri: Cümle içinde saklı kelimeleri bulma, İngilizce hayvan isimlerini öğrenme.

Uygulama: Öğrencilerden cümle içinde gizli olan hayvan isimlerini bulmaları istenir.

Örnek:

1. If you don't go at ten o'clock, you'll be late.

2. I abhor selfish people who think only of themselves.

3. A rabbi taught me Hebrew.

4. Legend has it that Lady Gotiva was naked when she rode through the town.

(Rosenfield, 1993).

58) ISINMA TURLARI

Her gün dersin ilk 5 - 10 dakikasında öğrencilere çeşitli küçük sınavlar dağıtılır.

Sınıf: 3

ÖRNEK 1:

Lütfen bu cevaplara soru yazınız.

...................................?   Hayır, annem iyi yemek yapamaz.

...................................?   Evet, hepimiz futbol oynayabiliriz.

...................................?   Bence yapabilirler.

ÖRNEK 2:

Çok parayla fakir bir adam gibi yaşamayı tercih ederim. (**Pablo Picasso**)

Yorum yazınız.

....
....

ÖRNEK 3:

Bugün tekrar yapacağız. Lütfen tekrar edilmesini istediğiniz konuları listeleyiniz.

....

....

....

(Reis, 1993).

59) AKTARMA CÜMLELERİ

Ders: Türkçe - İngilizce

Sınıf: 4 - 5

Süre: 30 Dakika

Öğrenme Alanı: Dinleme - Yazma

Beceri: Bir kişinin cümlelerini başka bir kişiye aktarabilme.

Araç-Gereç-Ortam: Ses kaydedici, üzerine karikatür çizilmiş kâğıtlar

Uygulama: Sınıf gruplara bölünür. Her gruba birbirinin devamı olan yedişer tane karikatür verilir. Bu karikatürlerdeki konuşma baloncukları boş bırakılır. Öğretmen önceden kendi kaydettiği konuşmaları çocuklara dinletir ve baloncukları doldurmalarını ister. Daha sonrasında ise öğrencilerin birbirlerine karakterlerin ne dediği hakkında soru sormasını ister. Örneğin; "Süpermen ne demiş?". Cümleler edilgen bir formatta aktarılmış olur (Ratnasabapathy, 1992).

60) İPUÇLARI

Ders: Türkçe - İngilizce

Sınıf: 5 - 6 - 7

Süre: 20 Dakika

Öğrenme Alanı: Okuma - Dinleme

Beceri: Hikâyeyi okumadan önce onunla ilgili sorulara tahmini cevaplar verme.

Uygulama: Öğretmen okuyacağı hikâyenin ana noktalarıyla ilgili ipuçları veren sorular hazırlar ve öğrencilere bu soruları sorar. Verilen hiçbir cevaba olumlu ya da olumsuz tepki vermez. Öğrencilerin hayal güçlerini sınırsızca kullanmalarını sağlar. Tahmin sürecinden sonra kitaplar açılarak hikâye okunur. Böylece öğrencilerde bir merak uyandırılmış olur (Kressel, 1982).

61) TANGO STİLİ / RESİMDEKİ FARKLAR

Ders: Türkçe - İngilizce - Coğrafya - Sosyal Bilgiler

Sınıf: 4 - 5 - 6

Süre: 20 Dakika

Öğrenme Alanı: Konuşma- Dinleme - Yazma

Beceriler: Gözlem ve Kıyaslama

Uygulama: Öğrenciler "Tango" stiliyle oturtulur. Örneğin; 40 kişilik bir sınıf 5 sıra halinde oturtulur. Her sıradaki 8 kişi de 2'li gruplara ayrılır. O ikili gruplardaki bir öğrencinin sırtı tahtaya dönük olur. Diğer öğrenci tahtaya bakar. Tahtaya iki resim yapıştırılır. Sırtı dönük olan öğrenci tahtaya bakan öğrenciye sorular sorarak iki resim arasındaki farkları bulmaya çalışır (Samuda & Bruton, 1982).

62)TANGO STİLİ / YAZMA

Ders: Türkçe - İngilizce

Süre: 25 Dakika

Sınıf: 4 - 5 - 6

Öğrenme Alanı: Yazma

Beceriler: Cümleleri ve resimleri sıraya koyup bağdaştırma.

Araç-Gereç-Ortam: Karışık halde sıralanmış, birbiriyle alakalı resimler.

Uygulama: Öğrenciler "Tango" stilinde oturtulurlar. Örneğin; 40 kişilik bir sınıf 5 sıra halinde oturtulur. Her sıradaki 8 kişi de 2'li gruplara ayrılır. O ikili gruplardaki bir öğrencinin sırtı tahtaya dönük olur. Diğer öğrenci tahtaya bakar. Her gruptaki eşlerden birine karışık sıralanmış resimler dağıtılır. Diğerine yine karışık sıralanmış cümleler dağıtılır. Eşler resimleri ve cümleleri ortak organize ederler ve sıraya koyarlar. Daha sonra ise bunu kompozisyon haline getirirler, düzgün cümlelerle yazıya dökerler (a.g.e.).

63) ACABA NE ANLATSAM?

Ders: Türkçe - İngilizce

Sınıf: 6 - 7 - 8

Süre: 20 Dakika

Öğrenme Alanı: Yazma

Beceri: Paragraf ve kompozisyon tamamlama

Araç- Gereç- Ortam: 1 mektup

Uygulama: Öğrenciler gruplara ayrılır. Her gruba tamamlanmamış bir mektup dağıtılır. Mektubun ilk iki paragrafı yazılmıştır. 3. ,4. ve 5. paragrafların sadece giriş cümleleri yazılıdır. Öğrencilerden bu giriş cümlelerine uygun olarak paragrafları tamamlamaları istenir (MEB Öğretmen Yetiştirme Projesi ' 85 Dokümanları).

64) KELİME DAĞARCIĞI

Ders: Türkçe - İngilizce

Sınıf: 5

Süre: 10 Dakika

Beceri: Beyin fırtınası yoluyla kelime dağarcığını yoklama.

Uygulama: Her öğrencinin önünde kâğıt, kalem olmalıdır. Öğretmen tahtaya bir harf yazar ve öğrencilerden bu harfle başlayan bildikleri tüm kelimeleri yazmalarını ister. 2 dakika sonra "Süre bitti" diyerek öğrencilerden kelimeleri saymalarını ister. En çok kelime bulan oyunu kazanır. Böylece öğrencilerin aktif kelime dağarcığı yoklanmış olur (a.g.e.).

65) ANAHTAR KELİME

Ders: İngilizce - Türkçe

Sınıf: 6 - 7

Süre: 15 Dakika

Öğrenme Alanı: Konuşma - Dinleme

Beceriler: Kelimeler arasında bağlantı kurabilme.

Araç- Gereç- Ortam: Üzerine kelimelerin yazılı olduğu büyük kartlar, 2 tanesi sınıfa 2 tanesi tahtaya çevrilmiş 4 sandalye

Uygulama: Sınıf ikiye bölünür. Her gruptan 2 kişi seçilir. Bu öğrencilerden ikisi tahtaya dönük olan sandalyelere diğerleri sınıfa dönük olanlara oturur. Öğretmen üzerine kelimelerin yazılı olduğu kartı hem tüm sınıfın hem de yüzü sınıfa dönük olan öğrencilerin göreceği şekilde kaldırır. Kelimeyi gören öğrenci, sırtı dönük olan öğrenciye ipuçları vererek onun kelimeyi tahmin etmesini sağlar. Örnek: Kelime: ayak, İpuçları: koşmak, yürümek... (a.g.e.).

66) DUYGULAR

Ders: Türkçe

Sınıf: 4 - 5 - 6

Süre: 25 Dakika

Öğrenme Alanı: Yazma - Konuşma

Beceriler: Duygularını ifade edebilme, tanımlayabilme, tartışabilme

Araç- Gereç- Ortam: Çeşitli resimler, yağlıboya tablolar (isteğe bağlı)

Uygulama: İlk önce öğrencilere beyin fırtınası yöntemiyle en çok hissettikleri veya en kolay tanımlayabildikleri duyguları listelemeleri istenir. Daha sonra öğrencilere çeşitli resimler gösterilir. Her resimde hissettikleri duyguyu not etmeleri istenir. Sonrasında ise sınıf gruplara bölünüp her grubun resimleri tartışmaları ve her resme bütün grup üyelerinin duygularını açıklayan bir başlık bulmaları istenir. Sonra öğrenciler mimiklerle resimleri anlatmaya çalışır; diğer gruptakiler ise hangi resim olduğunu tahmin etmeye çalışırlar (Baudains, 1985).

67) NE ÖĞRENMEK İSTİYORUM?

Ders: Türkçe - Hayat Bilgisi - İngilizce - Sosyal Bilgiler

Sınıf: 3 - 4 - 5

Süre: 15 Dakika

Öğrenme Alanı: Okuma - Yazma

Beceriler: Bilmediği kelimeleri araştırma.

Uygulama: Öğretmen o gün işlediği dersle ilgili birer paragraflık açıklama dağıtır. Ve öğrencilerden o paragrafta geçen bilmedikleri 4 kelime ya da terim hakkında ne bilmek istediklerine dair sorular yazmalarını ister. Daha sonra kâğıtları toplar ve değerlendirir. Diğer ders öğrencilere dağıtarak dönüt verir (MEB Öğretmen Yetiştirme Projesi ' 85 Dokümanları).

68) HANGİ ARKADAŞ?

Ders: Türkçe - İngilizce

Sınıf: 5 - 6 - 7

Süre: 25 Dakika

Öğrenme Alanı: Yazma

Beceriler: Kıyaslama yapabilme.

Araç- Gereç- Ortam: 2 kişinin boyunu, kilosunu, yaşını, kişilik özelliklerini, saç rengini vb. gösteren bir tablo.

Uygulama: Öğretmen öğrencilere tabloları dağıtır. Ve onlara tabloda özellikleri verilen kişilerden birisini arkadaş olarak seçmeleri gerektiğini söyler. Öğrencilerden seçtikleri kişiyi neden seçtiğini, diğer kişiyle ortak veya farklı yönlerini karşılaştırarak bir kompozisyon halinde yazmasını ister (a.g.e.).

69) KİM KİM?

Ders: Türkçe - İngilizce

Sınıf: 6 - 7 - 8 - 9

Süre: 25 Dakika

Öğrenme Alanı: Okuma (Anlama, Kavrama)

Beceriler: Okuduğunu anlama

Araç- Gereç- Ortam: 5 sütun, 4 satırdan oluşan boş bir tablo

Uygulama: Tablolar öğrencilere dağıtılır. Satırların başına "ülke", "meslek", "alışkanlıklar" ve "fiziksel görünüş" diye başlıklar yazılır. Öğrencilere ayrıca birtakım ipuçlarının yazılı olduğu kâğıtlar dağıtılır. Örneğin: Almanya'dan ve mühendis olan adam çiçekçinin yan dairesinde oturmaktadır ya da İngiliz kadın şişman adamın oturduğu daire ile uzun boylu gencin oturduğu dairenin arasındaki dairede yaşamaktadır (a.g.e.).

70) HANGİ TREN?

Ders: İngilizce

Sınıf: 4 - 5 - 6

Süre: 20 Dakika

Öğrenme Alanı: Dinleme

Beceriler: Dinlediğini anlayıp yazabilme.

Araç- Gereç- Ortam: Trenlerin kalkış, varış saatlerini, nereye gittiklerini, nereden kalktıklarını gösteren tablo (doldurulması için tablolar boş bırakılır.)

Uygulama: Öğrencilere boş tablolar dağıtılır. Trenlerle ilgili bilgiler yavaş yavaş okunmaya başlanır. Ör: "White train arrived Ankara at 7 o'clock." vb. hatta cümlelerin sonunda bir süre beklenir gerekirse cümleler tekrarlanır (a.g.e.).

71) NELER FARKLI?

Ders: Türkçe - İngilizce

Sınıf: 4 - 5 - 6

Süre: 20 Dakika

Öğrenme Alanı: Dinleme

Beceriler: İki okuma parçası arasındaki farkları bulabilme.

Uygulama: Öğrencilere bir okuma parçası dağıtılır. 5 dakika sessizce okumaları istenir. Daha sonra öğrencilere okudukları parçaya benzer bir parça okunacağı söylenir ve öğrencilerden iki parça arasındaki farkları bulmaları istenir (Farklar: eş ve zıt anlamlı sözcükler/eklenmiş ya da çıkartılmış kelimeler). İlk okumadan sonra öğrencilerden buldukları farkları saymaları istenir. Sonra bulunması gereken rakam söylenir. Öğrenciler gruplara bölünür ve buldukları farkları tartışmaları istenir. Sonra parça ikinci defa okunur. Bu sefer öğrencilerden buldukları farkları kesin ve açık bir dille yazmaları istenir. Daha sonra öğrencilerin kendi parçalarını yüksek sesle okuyarak nerede farklılıklar olduğunu arkadaşlarına anlatmaları istenir (a.g.e.).

72) SESSİZ FİLM

Ders: Türkçe - İngilizce - Hayat Bilgisi - Sosyal Bilgiler

Sınıf: 4 - 5 - 6

Süre: 25 Dakika

Öğrenme Alanı: Dinleme - Yazma

Beceriler: İzlediği filmi kendi cümleleriyle tekrar anlatabilme.

Araç- Gereç- Ortam: Video ya da bilgisayar

Uygulama: İlk önce öğrencilere izletilecek video sessiz izletilir. Sonrasında beyin fırtınası ve tahmin yöntemiyle filmin neyle ilgili olduğuna dair sorular sorulur. Tartışılır. Daha sonra sesli bir şekilde izletilir. Daha sonra öğrencilerden olayları sıraya koyması, karakterleri tasvir etmesi istenir. Sonra filmle ilgili "boşluk doldurma" alıştırması dağıtılır ve film bir daha izlettirilip öğrencilerden bu alıştırmayı yapmaları istenir. Sonunda ise öğrencilerden filmi kendi cümleleriyle tekrar anlatmaları istenir (a.g.e.).

73) TEK Mİ? ÇİFT Mİ?

Ders: Matematik

Sınıf: 2 - 3 - 4

Süre: 10 Dakika

Öğrenme Alanı: Anlama - Kavrama

Beceriler: Çift - tek sayıları ayırt edebilme

Uygulama: İki öğrenci tahtaya çıkar. Onlardan bir ellerini arkalarına alıp parmaklarıyla bir sayı göstermeleri istenir. 1, 2, 3 diye sayılıp iki öğrencinin ellerini önlerine getirmeleri istenir. Eğer iki öğrencinin tuttuğu rakamların toplamı çiftse A öğrencisi, tekse B öğrencisi kazanır (Chubb, 1993).

74) HAFTANIN SAYISI

Ders: Matematik

Sınıf: 3 - 4 - 5

Süre: 15 - 20 Dakika

Öğrenme Alanı: Okuma - Anlama

Beceriler: Dört işlemi yapabilme

Araç- Gereç- Ortam: Üzerinde yapılacak işlemin yazılı olduğu kartlar   (Ö r : +16, ÷4, ×3 vb.)

Uygulama: Tahtaya öğrencilerin seviyelerine uygun "haftanın sayısı" yazılır. Öğrenciler sırayla kartlar çeker ve her kartta yazılmış olan işlemi yüksek sesle bütün sınıfa söyler. Herkes bu işlemi tahtada yazılı olan haftanın sayısına uygular. Bu işlemler dizisi her öğrenci kartını okudukça devam eder. Sonunda öğrenciler sonuçlarını birbirleriyle karşılaştırırlar. Ve sonucu doğru olan bir öğrenci tahtaya kalkar. İşlemi yapar ve böylece yanlış sonuç bulanların da doğruyu görmesi sağlanır (Addinall, 1985).

75) HANGİ SAYI?

Ders: Matematik

Sınıf: 4 - 5

Süre: 15 - 20 Dakika

Öğrenme Alanı: Konuşma, Okuma

Beceriler: İpuçlarıyla bir sayıya ulaşma, Grup çalışması

Uygulama: Sınıf gruplara bölünür. Grubun lideri aklındaki rakamı gizlice bir kâğıda yazar. Oyuna başlamak için lider 2 ipucu verir.(Örnek: Rakamım 3 basamaklı ve 300 ile 400 arasında). Sonra gruplardan tahminde bulunmaları istenir. Eğer hiçbir grup ilk denemede tahmin edemezse lider; "Rakamım A grubunun tahminden yüksek, B grubununkinden düşük" gibi ifadelerle yeni ipuçları verir. Daha sonra daha belirleyici ipuçları verir.(Örneğin; "Rakamın yüzler basamağı 3, onlar basamağı ise çift sayı" gibi). Gizli sayı bulunana kadar oyun devam eder (Radoff, 1992).

76) CETVEL ABAKÜSÜ

Ders: Matematik

Sınıf: 2 - 3 - 4 - 5

Süre: 5 - 10 Dakika

Öğrenme Alanı: Dinleme - Anlama

Beceriler: Ölçü birimlerini tanıma, toplama - çıkarma işlemi yapabilme

Araç- Gereç- Ortam: Cetvel

Uygulama: Öğretmen bir başlangıç rakamı söyler. Daha sonra sayılar söyleyerek başlangıç rakamıyla toplamalarını ya da başlangıç rakamından çıkarmalarını ister. Böylece öğrenciler parmaklarını cetvel üzerinde hareket ettirerek toplama-çıkarma işlemini somutlaştırırlar. Daha karmaşık işlemler yaratmak için milimetreler de söylenebilir (White, 1995).

77) İŞLEM MAKİNESİ

Ders: Matematik - Türkçe

Sınıf: 3 - 4 - 5

Süre: 20 Dakika

Öğrenme Alanı: Konuşma

Beceriler: Dört işlem yapabilme, kelime türetme

Araç- Gereç- Ortam: Sandalye, üzerinde rakamların yazılı olduğu kartlar

Uygulama: Bir sandalye kutu gibi büyük bir kartonla kaplanır. Üzerine de isim yazılır (Örneğin; "10 Ekleme Makinesi"). Sandalyenin altından bir rakam sokulur ve arkasından hemen daha önce hazırlanmış kartlardan 10 eklenmiş hali çıkarılıp öğrencilere gösterilir. Birkaç örnekten sonra öğretmen, "Bakalım sonucu makineden daha çabuk bulabilecek misiniz?" diyerek sonucu öğrencilere sorar. Böylece öğrenciye çabukluk ve merak kazandırılır. Türkçe dersinde de aynı uygulama kelime türetme konusunda kullanılabilir. (Örnek: Gözlük + çü = Gözlükçü) (Lownson, 1995).

78) HANGİSİ DAHA AĞIR?

Ders: Matematik

Sınıf: 3 - 4 - 5

Süre: 20 Dakika

Öğrenme Alanı: Konuşma - Anlama/ Kavrama

Beceriler: Ağırlık birimlerini öğrenme

Araç- Gereç- Ortam: Oyuncaklar, meyveler, terazi, üzerinde nesnelerin resimleri olan kartlar

Uygulama: Tahtaya "...., ...dan/den daha ağır", "...., ...dan/den daha hafif", "... ile ... hemen hemen aynı ağırlıktalar." gibi tanımlamalar yazılır. Sınıf gruplara bölünür. Her grup sırayla masaya gelir. Her öğrenci ikişer nesne seçer.(oyuncak ayı – portakal). Nesneleri tartar. Ve sonra o nesnenin kartını alıp yaptığı ölçüme göre kartı, uygun tanımın boşluklarına yapıştırır (Thomson, 1995).

79) ŞEKİLLER

Ders: Matematik

Sınıf: 2 - 3 - 4

Süre: 15 Dakika

Öğrenme Alanı: Yazma

Beceriler: Geometrik şekilleri tanıyabilme

Uygulama: Öğretmen bir kâğıda geniş bir kare ve üçgen çizerek basit bir ev oluşturur. Daha sonra öğrencilerden bu örneğe bakarak geometrik şekillerle bir ev çizmelerini ister.(Örneğin; Çatıyı üçgenlerle doldurmaları, güneş için kocaman bir daire çizmelerini, dikdörtgen çizerek baca yapmaları vs.). çizim işlemi bittikten sonra üzerinde kocaman bir konuşma baloncuğu olan kâğıtlar öğrencilere dağıtılır. Baloncuk başlığı; "Resimde kullandığım şekiller..." olmalıdır. Öğrencilerden bu boş baloncuğu doldurmaları istenir (Whittle, 1996).

80) SAAT KAÇ?

Ders: Matematik

Sınıf: 3 - 4

Süre: 15 Dakika

Öğrenme Alanı: Yazma

Beceri: Saat kavramının farkına varma

Araç- Gereç- Ortam: "Sözcüklerle Zaman"(Örneğin; saat yedi) ve "24 Saatte Zaman" (19: 00) diye sütunlardan oluşan bazı kutucukları olan boş bir tablo.

Uygulama: Öğrencilere bu çalışma kâğıtları dağıtılarak boş bırakılan yerleri doldurmaları istenir (Leigh, 1995).

81) YÖN BULMACA

Ders: Hayat Bilgisi, Coğrafya

Sınıf: 4 - 5 - 6

Süre: 15 - 20 Dakika

Öğrenme Alanı: Dinleme - Kavrama

Beceriler: Tarif edilen yöne doğru ilerleyebilme.

Uygulama: Öğrenciler sınıfı bir hazine arazisi gibi hayal edip herhangi bir yeri tebeşirle işaretlerler. Sınıf ikişerli gruplara bölünür. Hazinenin yeri her defasında farklı bir yer işaretlenerek değiştirilir. Ve eşlerden birinin gözü bağlanır. Diğeri ise yön komutları vererek onun hazineye ulaşmasını sağlar. Bu oyun duvarlara yönlerin baş harfleri (D,B,K,G) yazılarak daha da pekiştirilebilir *(www.teachingideas.co.uk)*.

82) KATI CİSİMLER

Ders: Fen Bilgisi, Matematik

Sınıf: 5 - 6 - 7

Süre: 25 Dakika

Öğrenme Alanı: Anlama, algılama

Beceriler: Katı cisimleri tanıyabilme.

Araç- Gereç- Ortam: Kil, küçük çubuklar, geniş bir çalışma alanı

Uygulama: Öğretmen kübün ve piramidin temel kavramlarını anlatır. Sonrasında ise kilden küçük toplar yapıp onların çubuklarla nasıl birbirine bağlanacağını gösterir. Daha sonra gruplara ayrılmış öğrencilere dört görev verir.

» Küp yapmak,

» Piramit yapmak,

» Ev yapmak(küp ile piramidi birleştirerek),

» Kule yapmak(birçok küp ve piramidi kullanarak)

Sonunda en az 4 küpten kule yapan ilk grup oyunu kazanmış olur (Stevens, 2002).

83) HIZLI OLAN KAZANIR

Ders: Matematik

Sınıf: 3 - 4 - 5

Süre: 15 Dakika

Öğrenme Alanı: Dinleme

Beceriler: En kısa zamanda bir soruyu çözebilme.

Araç- Gereç- Ortam: 1'den 9'a rakamların yazılı olduğu kartlar.

Uygulama: Öğrenciler daire şeklinde oturur. Her öğrencinin belli bir grubu vardır. Bir öğrenci başka bir gruptan olan bir öğrenciyi seçer. İkisi yüzleri öğretmene dönük olarak bir sıraya otururlar. Önlerinde 1'den 9'a kadar sayı kartları vardır. Öğretmen bir matematik sorusu sorar. Cevabını önündeki kartlarla en çabuk gösteren öğrenci puanı kazanır (Irons, 2002).

84) SİHİRLİ ŞAPKA

Ders: Matematik

Sınıf: 2 - 3 - 4 - 5

Süre: 15 Dakika

Öğrenme Alanı: Dinleme- Anlama

Beceriler: Sayılarla akıldan dört işlem yapabilme

Araç- Gereç- Ortam: Kartondan bir şapka, üzerinde 1'den 10'a kadar rakamların yazılı olduğu kartlar

Uygulama: Bir öğrenci tahtaya çıkar ve başına kartondan şapkayı giyer. Öğretmen o şapkanın üzerine 1'den 10'a kadar bir rakam yapıştırır. Öğrenci sınıfa döner. Maksat şapkadaki sayıyı 10'a tamamlamaktır. Diğer öğrenciler şapkadaki rakama kaç ekleyip 10'a tamamlayabileceklerini hesaplar ve bu sayıyı parmaklarıyla gösterirler. Şapkayı giyen öğrenci ise buna göre şapkadaki rakamı bulur (Payne, 2001).

85) EL 5'TE, AYAK 6'DA

Ders: Matematik

Sınıf: 4 - 5 - 6

Süre: 25 Dakika

Öğrenme Alanı: Dinleme

Beceriler: Akıldan dört işlem yapabilme.

Araç- Gereç- Ortam: 4 satır ve 5 sütundan oluşan ve üzerinde 1'den 20'ye kadar rakamların yazılı olduğu A4 kâğıtlarının yapıştırılmış olduğu büyük bir karton.

Uygulama: Öğrenciler gruplara ayrılır, oyunu grup grup oynarlar. Büyük kartonun başına gelen öğrenciye öğretmen komutlar verir. (Örneğin; Sol ayağını 3 ile 5'in toplamı olan sayıya koy ya da sağ elini 6 ile 2'nin çarpımı olan sayıya koy vb.) *(www.teachingideas.co.uk)*.

86) "EDAT" KARTLARI

Ders: Türkçe - İngilizce

Sınıf: 6 - 7

Süre: 35 Dakika

Öğrenme Alanı: Konuşma - Yazma

Beceri: Kinestetik drama tekniklerini kullanarak edatların tekrarlanması

Araç- Gereç- Ortam: Üzerlerine "edat" yazılmış kartlar

Uygulama: Her öğrenci bir kart alır. Öğrenciler sırayla kendi edatlarını sınıf arkadaşları hangi edat olduğunu tahmin edene kadar taklit eder. Bu etkinlik bittikten sonra herkes kendi elindeki edat kartlarını kullanarak konuşacağı bir sahne yaratır; öğrenciler belirlediklerinden başka edat kullanmamalıdır. Daha sonra öğrenciler hazırladıkları sahnelerini oynarlar (Issues, 1998).

87) YANLIŞLAR ve DOĞRULAR

Ders: Türkçe - İngilizce

Sınıf: 3 - 4 - 5 - 6

Süre: 25 Dakika

Öğrenme Alanı: Yazma

Beceri: Öğrencilerin yaptıkları hatalarının farkındalığını artırma.

Araç- Gereç- Ortam: Sınıf iki eşit gruba bölünür, öğrencilerin ödev ve testlerindeki hatalı cümleler kullanılır.

Uygulama: Öğretmen, öğrencilerin test ve ödevlerindeki hataları içeren dokuz cümle seçer. Sonra, öğretmen tahtaya bir 3x3'lük tablo çizer. Sınıf ikiye bölünür. (x ve o). Gruplardan biri bir kare seçerek başlar. Öğretmen seçilen kareye karşılık gelen hatalı cümleyi okur. Cümleyi doğru bir şekilde düzelten ilk grup karenin içine grup harfini (x veya o) yazar. Bir sırada üç tane x'e veya o'ya sahip olan ilk grup 1. olur. Eğer bir grup doğru cevap veremezse cevap verme şansı diğer gruba geçer (a.g.e.).

88) BEN KİMİM?

Ders: Türkçe - İngilizce

Sınıf: 1- 2

Süre: 20 Dakika

Öğrenme Alanı: Çizme - Konuşma

Beceri: Öğrencilerin birbirlerini tanımalarını ve dostça ilişki geliştirmelerini eğlenceli bir şekilde sağlama

Araç- Gereç- Ortam: Boş kâğıt ve kalem

Uygulama:

» Her öğrenci bir parça kâğıt alır ve altı kareye böler.

» Öğrenciler birinci kareye bir resim çizer. Bu resim öğrencilerin kendi doğumlarıyla ilgili herhangi bir şey olabilir. Örneğin doğdukları yer veya annelerinin o zaman yapıyor olduğu bir şey olabilir.

» 2. kareye yaşadıkları ülkeyle ilgili bir şeyi; 3. ve 4. kareye sevdikleri ve sevmedikleri bir şeyi; 5. kareye okullarının veya işlerinin hakkında bir şeyi; son kareye de gelecekle ilgili isteklerini çizerler. (Resim çizdikleri kutucuklara resimlerin ne olduğunu anlatan bir şey yazmamaları istenir; resmin ne olduğunu öğrenciler tahmin edecektir.)

» Öğrenciler tamamladıkları kutuları grupça karşılaştırır (Issues,1999).

89) SENİ TANIDIM...

Ders: Türkçe - İngilizce

Sınıf: 1 - 2

Süre: 25 Dakika

Öğrenme Alanı: Konuşma

Beceri: Karşılıklı anlayış-dostça ilişki geliştirmeye yardımcı olma

Araç- Gereç- Ortam: Sınıf iki eşit gruba bölünür, soru kâğıdı

Uygulama:

» Öğretmen kişisel sorular içeren bir sayfa kâğıt verir, örneğin: "İsminiz ne?" "Nerelisiniz?". Her öğrenci kendi cevabını yazar.

» Sınıf eşit sayıda iki gruba (A ve B) bölünür. Grup içindeki öğrenciler kendilerini tanıtır.

» Gruplar içinde ikili takımlar oluşturulur. Öğrenciler birbirlerine orijinal kâğıttaki (akıllarından) soruları sorar.

» (Aynı ikişerli takımlar) Diğer gruba rapor verirler: "Ben az önce .... ile tanıştım"

» (Yeni ikişerli takımlar) Yeni A-B grupları oluşur: "Böylece sen ..... olmalısın". Sonra, birlikte diğer sınıf elemanlarını hatırlamaya çalışırlar.

» Öğrenciler sınıf içinde gezinmeye başlar ve az önce tanıştıkları tüm arkadaşlarına "merhaba" der (onların grubu, ilk ve ikinci eşler) ve kendilerini diğer herkese tanıtırlar. (" Ben Tarzan; sen de Jane olmalısın" gibi) (a.g.e.).

90) BİYOGRAFİ

Ders: Türkçe - İngilizce

Sınıf: 5 - 6

Süre: 20 Dakika

Öğrenme Alanı: Yazma - Konuşma

Beceri: Birbirlerini bilen bir grup içinde dostça ilişki geliştirme

Araç- Gereç- Ortam: Sınıf iki eşit gruba bölünür, iki farklı biyografi kullanılır.

Uygulama:

» İki farklı biyografi alınır (yaşam stili ne kadar ilginç olursa o kadar iyi olur) ve her ikisinde de bazı yerler boş olarak hazırlanır (sadece birkaç biyografik bilgi silinir). Sınıf iki gruba bölünür (A ve B)

» A grubunun her elemanına bir tane boşluklu biyografi verilir ve gruptan bu biyografideki boş yerleri doldurmaları istenir. B grubundan da diğer boşluklu biyografiyi doldurmaları istenir.

» A ve B grubunun elemanları ikişerli eşleştirilir ve tanıtılan iki insanın aralarındaki ilk karşılaşmalarını oynamaları istenir (a.g.e.).

"ETKİNLİK" KAYNAKÇASI

ELT Journal, Cilt. 32- 3 Nisan, 1978.

English Teaching Forum – C.: 30- 1, Ocak 1992 Renuha Ratnasabapathy'nin "Teaching Reported With Cartoon Strips".

English Teaching Forum – C.: 30 -2, Nisan 1992, Daniella Sorani ve Anna Rita Tamponi'nin "A Cognitive Approach to Content-Based Instruction".

English Teaching Forum – C.: 31- 4, Ekim 1993, Kathy Bird'ün "Learner Development, Teacher Responsibility".

English Teaching Forum – C.: 32 – 4, Ekim 1994, Jayashree Mohannaj'ın "Developing Listening Comprehension Using Easily Available Resources".

English Teaching Forum – C.: 37 -1, Ocak – Mart 1999.

English Teaching Forum – C.: 20- 3, Temmuz 1982, R. H. Kressel'in "Using Content Questions as Motivators for Reading".

English Teaching Forum – C.: 27- 2, Nisan 1989, Gregory Acker'ın "Excuse Me, How Do I Get to Classtown?".

English Teaching Forum – C.: 27- 2, Nisan 1989, Keith Maurice, Kanittha Vanikieti ve Santhida Keyuravong'un "Putting up a Reading Board Cutting down the Boredom".

English Teaching Forum – C.: 29 – 4, Ekim 1991.

English Teaching Forum – C.: 29 – 4, Ekim 1991, Stacy A. Perman'ın "The Visual Alphabet."

English Teaching Forum – C.: 30- 2, Nisan 1992, Melvin Tyers'ın "3 Games for ESP Classes".

English Teaching Forum – C.: 31- 4, Ekim 1993, Luis Augusto da Veiga Pessoa Reis'in "Pre-Warm-Up Activities: Getting Started".

English Teaching Forum – C.: 31- 4, Ekim 1993, Sue Rosenfield'un "Puzzle".

English Teaching Forum – C.: 37-1, Ocak-Mart 1999, Katherine Isbell'in "Intellectual Awareness through Drama".

Forum – C.: 16, Sayı: 2 Nisan 1978, Richard McGinn'in "Twenty Questions".

Forum – C.: 20, Sayı: 2 Nisan 1982, Matthew Wagner'in "Ring Around the Circle".

Forum – C.: 20, Sayı: 2 Nisan 1982- Stephen Mark Silvers'in "Games for the Classroom and English Speaking Club- Silly answers".

Forum – C.: 21, Sayı: 2 Nisan 1983, Mario Rinvolucri.

Forum – C.: 26, Sayı: 4 Ekim 1988, Christina Hvitfeldt'ın "Guided Peer Critique in ESL Writing at the College Level".

Forum – C.: 26, Sayı: 2 Nisan 1988, Barry Baddock'un "Grammar Pairs: An Error Spotting Exercise".

Forum – C.: 26, Sayı: 2 Nisan 1988, Keith Maurice'in "Laugh While Learning another Language: Techniques that are Functional and Funny".

Forum – C.: 26, Sayı: 4 Ekim 1988, Anne Sokolsky'nin "Transforming Classroom into a Courtroom".

Forum – C.: 26, Sayı 4, Ekim 1988, s.: 28, Edmundo J. Mora'nın "Using Pictures Creatively".

Forum – C.: 26, Sayı: 2 Nisan 1988, Margaret Orleans.

Forum – C.:32, Sayı: 2 Nisan 1994, Carme Manuel Cuenca'nın "A portrait of the Young English Student as A Hero".

Forum – C.:32, Sayı: 2 Nisan 1994, Sada A. Daoud'ın "Four Strategies for Increasing Oral Production in EFL Classroom".

Forum – C.: 24, Sayı: 3 Temmuz 1986, Carmen Manuel Cuenca & Rodrigo Fernandez Carmona'nın " An İmaginative Approach to Teaching Writing".

Issues – Nisan-Mayıs 1999, "Getting to know"

Issues – Nisan-Mayıs 1999, "Info-Gap: Biographical Details"

Issues – Nisan-Mayıs 1999, "Rapport boxes"

Issues – Ekim-Kasım 1998, "Error Noughts and Crosses"

Issues – Ekim-Kasım 1998, "Preposition cards"

MEB Öğretmen Eğitimi – 1985, Marjorie Baudains, "Vocabulary Games: Feeling and Picture".

MEB Öğretmen Yetiştirme Projesi, 1985 kaynakları.

Teaching English in Large Classes, Virginia Samuda ve Anthony Bruton'ın "Tango-Seated Pairs in the Large Classroom"

The Canadian Modern Language Rewiev – C.: 42, Sayı: 5 Mayıs 1986, Caterina Satiriadis and Judy Bilenk: "Monster Bash"

www.teachingideas.co.uk sitesinde Adrian Irons'ın etkinliği

www.teachingideas.co.uk sitesinde Anna Thomson'ın etkinliği

www.teachingideas.co.uk sitesinde Averil White'ın etkinliği

www.teachingideas.co.uk sitesinde Emma Leigh'ın etkinliği

www.teachingideas.co.uk sitesinde Greg Radoff'un etkinliği

www.teachingideas.co.uk sitesinde Jason Stevens'ın etkinliği

www.teachingideas.co.uk sitesinde Kimberley Whittle'ın etkinliği

www.teachingideas.co.uk sitesinde Kirstry Payne'nin etkinliği

www.teachingideas.co.uk sitesinde Louise Addinall'ın etkinliği

www.teachingideas.co.uk sitesinde Pain Lownson'ın etkinliği

www.teachingideas.co.uk sitesinde Simon Chubb'ın etkinliği

OKUL NİTELİĞİNİ DEĞERLENDİRME ÇİZELGESİ

Sevgili Anne ve Babalar,
Okullara kayıt heyecanının yoğunlaştığı günlerde okul seçiminde bir kılavuza gereksinim duyduğunuzu biliyoruz. Aşağıdaki tabloda listelenen 10 grup ölçüt okul seçiminde sizi yönlendirecektir. Ancak okuyacağı okulu çocuğunuzun da görüp sevmesi en önemli ölçütlerden biri. Her şeyin gönlünüzce gerçekleşmesini, çocuğunuzun seçeceğiniz okulda mutlu ve başarılı olmasını diliyorum.

Dr. Hayal Köksal

NİTELİK ÖLÇÜTLERİ 1: LİDERLİK ve DEĞERLER

» Müdür ve/ya kurucu (lider) vizyon sahibi olup bunu tüm paydaşlarıyla paylaşıyor.

» Lider çalışanları, öğrencileri ve diğer tüm paydaşları iyi tanıyor.

» Kaliteye önem veriyor ve bunu sağlamak için örnek davranış sergiliyor.

» Okulun misyon, vizyon ve değerleri yeterince açık ve anlaşılır.

» Herkese eşit olanaklar sağlanıyor ve bu politikadan sapılmıyor.

» Öğrenciler ve tüm okul paydaşları okul değerlerini biliyor ve uyuyor.

» Toplumun gelecekteki gereksinimlerine odaklanmış eğitim veriliyor.

NİTELİK ÖLÇÜTLERİ II: ÖRGÜTLENME

» Okulun misyon, vizyon, politika ve değerlerinden tüm paydaşlar bilgi sahibi.

» Okulun paydaş temsilcilerince oluşturulmuş yazılı bir stratejik planı var.

» Bu planda kurumun başarılı olması için herkesin kuruma katkısının ne olması gerektiği belirtilmiş.

» Okulun yapısı basit, kolay anlaşılır olup yetki aşağıya doğru kaydırılmış.

» Okulda meslektaşların ve paydaşların gelişimine odaklı bir "ekip çalışması" anlayışı hâkim.

» Öğrenmeyi artırmak için riski göze alma teşvik edilir, hatalara hoşgörüyle yaklaşılır.

» Birincil önceliği; iyi, güçlü ve ılımlı bir iletişim ve "Yıllık İletişim Planı" var.

» İletişim yalnızca yukarıdan aşağıya değil, aşağıdan yukarıya ve yanlara.

NİTELİK ÖLÇÜTLERİ III: ULAŞIM ve OKULA GİRİŞ

» Okulun yeri ve girişi yeterince açık ve anlaşılabilir; ulaşımı da kolay.

» Okula telefonla ulaşma, bilgilendirilme ve yönlendirilme doyurucu.

» Okula gelen ziyaretçiler güler yüzle karşılanıp yönlendirilir.

» Engelli ziyaretçiler için çeşitli, kolaylaştırıcı olanaklar var.

NİTELİK ÖLÇÜTLERİ IV: FİZÎKİ ÇEVRE ve KAYNAKLAR

» Bina, sınıf ve atölyeler temiz, çağdaş, amaca uygun ve rahat.

» İşitsel ve görsel eğitim araçları emin ve kullanışlı bir öğrenme ortamı yaratacak şekilde yerleştirilmiş.

» Öğrenme ortamları ve programları birbiriyle uyumlu düzenlenmiş.

» Öğrencilerin okul ortamındaki her türlü günlük etkinlikleriyle ilgili düzenli günlük/kayıt tutuluyor.

» Öğrenciler için düzenli işleyen bir sağlık ve güvenlik sistemi var.

» Kontrolü de kullananlar tarafından yapılan etkin bir kaynak kullanım sistemi var.

NİTELİK ÖLÇÜTLERİ V: PAYDAŞLARA VERİLEN HİZMET

» Okula giriş öncesi ve sonrasında "Rehberlik ve Psikolojik Danışma Merkezi"nce tüm paydaşlara verilen rehberlik çalışmaları mevcut.

» Okulda "Kariyer Danışmanlık" hizmeti veriliyor.

» Okulda donanımlı bir kütüphane ve araştırma merkezi var.

» Bilgi kaynaklarına ulaşım (özellikle internet) kolay.

» Öğrencilerin her zaman faydalanabileceği; ucuz ve sağlıklı kantin / kafe olanakları var.

» Öğrenciler için etkin ve yeterli spor ve sosyal tesisleri var.

» Öğrencileri yaşama hazırlamak için kurulmuş çeşitli "eğitsel kol/klüp"ler ve donanımlı ofisler var.

NİTELİK ÖLÇÜTLERİ VI: ÖĞRENCİLER

» Okul içindeki her türlü ilan ve yönlendirmeler öğrencilerin anlayıp görebileceği biçimde.

» Öğrencilerin bilgilenmesi için her türlü broşür, ders materyali ve kitap mevcut.

» Öğretmen ve çalışan personelin öğrencilerle iletişimi iyi.

» Öğrencileri okul içinde engelleyen, yaratıcılığını kısıtlayan engeller yok.

» Öğrenci memnuniyeti için çok çeşitli öğrenme, eğlenme, rahatlama ve spor etkinlikleri vardır.

» Öğrencilerin ulaşım sorunları yok.

» Öğrenci memnuniyetini saptayan anketler var ve düzenli uygulanıyor.

» Öğrenciler aldıkları eğitimden memnun görünüyor ve okullarıyla gurur duydukları hissediliyor.

» Öğrenciler okulla ilgili herhangi bir değişiklikten anında haberdar edilip görüşleri alınıyor.

NİTELİK ÖLÇÜTLERİ VII: ETKİN ÖĞRENME

» Öğren(t)me stratejileri program ve ders hedefleriyle uyumlu.

» Öğren(t)me stratejileri düzenli olarak gözden geçirilir, sınanır, öğrenci başarısı ile kıyaslanır ve geliştirilir.

» Eğitim; öğrenci ve öğrenme merkezli.

» Öğrenciler öğrenmeleri konusunda sorumluluk almak üzere yüreklendirilirler.

» İlk öğrenmenin kalıcılığından dolayı, doğru öğrenme ve öğrenmeyi öğrenme öncelikleri.

» Paydaş değerlendirmesi yapılıyor; paydaşlarıyla aralarında uyumlu bir hava var.

» Ders programı öğrenci gereksinimlerine odaklı düzenlenmiş.

» Ders içerikleri çağdaş bir yaklaşımla ve farklı yöntemler kullanılarak işleniyor.

» Program veya ders içerikleriyle ilgili değişiklik talebi olursa acil değerlendirmeye alınıyor.

» Gereğinde tüm paydaşlara anket uygulanır ve politika saptamada onların sonuçlarından yararlanılır.

NİTELİK ÖLÇÜTLERİ VIII: ÇALIŞANLAR

» Çalışanlar işlerini zevk ve gururla yapan; bireysel kaliteleri konusunda da son derece duyarlı ve sorumluluk sahibi olan güler yüzlü, sevgi dolu kişiler.

» Çalışanlar öğrencilere odaklı, bilgili ve işlerine kendini adanmış kişiler.

» Bireysel soru(n)larla ânında ilgileniyor; sorunun uzamasına veya büyümesine izin vermiyorlar.

» Ekip çalışmasına yatkınlar ve bu konuda eğitim almışlar.

» Yetki ve sorumluluklarının bilincinde, uyumla çalışıyorlar.

» Kaliteyi iyileştirmek için yetki verilmiş olup kaynakları sağlanmış.

» İyi uygulamalar takdir edilir, ödüllendirilir ve teşvik edilir.

» Okul politikası hakkında sık sık fikirleri alınır.

» Okul ayrım yapmaksızın tüm çalışanlarının gelişimine odaklı, bu öncelikleri.

» Çalışan gelişimi için kaynak ayrılmış; kalite ilkeleri doğrultusunda ilerlemeleri sağlanıyor.

» Ofisler, dinlenme alanları ve çalışma koşulları yeterli, uygun ve iyi durumda.

NİTELİK ÖLÇÜTLERİ IX: DIŞ İLİŞKİLER

» Pazar araştırması yapılmış olup uygun bir pazarlama stratejileri var.

» Tüm paydaşlara uygulanan anketler sonucunda olumlu bir dönüt sistemi kurulmuş.

» Toplumdaki iş ve endüstri paydaşlarıyla gerekli ilişkiler kurulmuş; düzenli olarak görüşleri alınıyor, gerektiğinde destek talep ediliyor.

» Sivil Toplum Örgütleriyle de aralarında güçlü ilişkiler mevcut.

NİTELİK ÖLÇÜTLERİ X: BAŞARI ÖLÇÜTLERİ

» Gittikçe artan öğrenci başarısı ve sınav sonuçları var.

» Kaynakların son derece etkin kullanıldığı belli oluyor.

» Düzenli bir bilgi toplama sonucu tüm paydaşlardan alınan geri besleme sisteminin varlığı hissediliyor.

» Etkin bütçe kontrolü var.

» Koruyan, kollayan, sevgi dolu bir okul iklimi var.

» Okul çalışanlarının ilk hedefleri: öğrenci memnuniyeti!

» Kanıtlanmış paydaş memnuniyeti var. Kalite çalışmaları gereğince yapıldığı hissediliyor.

» Davetkâr, cazip bir öğrenme ortamı hissediliyor.

» Öğrencilerin tüm yeteneklerini geliştirmeye adanmış bir eğitim kadrosu var.

» Yerinde ve zamanında öz-değerlendirme olanakları sağlanmış.

» Sadece okul tarafından değil, dış ölçümcüler tarafından da yapılan değerlendirmeler okulun başarısını kanıtlıyor.

» Gelişim insiyatifini güçlendirmek için değişim konusunda sürekli yapılan paydaş bilgilendirmesi var.

» Yurtdışı paylaşım olanağı mevcut; yurtdışındaki saygın okullarla işbirliği yapılıyor.

*Bu çizelge, Martin Barlosky ve Prof. Steve Lawton tarafından "Developing Quality Schools" adlı kitapta verilen liste Türkiye'deki okulların koşullarına uyarlanarak hazırlanmıştır (Sallis, E.Total Quality Management in Education, Kogan Page: London, 1996)

EK 3

ULUSLARARASI BİLİŞİMCİ MARTILAR ve
LİDER MARTILAR PROJELERİ

Geleceğin liderleri olan öğrencilerimizin eğitiminde özen gösterilmesi gereken unsurları, "Yenilikçi" öğretmenlerimizin liderliğinde, bilimsel yaklaşımlarla işleyip bilişim projeleri yoluyla yerleştirmek istiyoruz. Bunu yaparken Eğitim Fakültelerinde yetişmekte olan öğretmen adaylarımız, görev başındaki ve emekli öğretmenlerimiz de projelerimizin bir parçası.

Hedefimiz; her an daha yukarıya uçmayı amaçlayan, İstanbul'umuzun simgesi martılardan esinlenerek "Bilişimci Martılar Projeleri" ile:

• Ezberlemeyen ama sorunlarını saptayıp onları çözebilen,

• Çevre koruma bilinci gelişmiş,

• Farklı kültürleri arasındaki farklılığı gören, bilen ve buna hoşgörüyle yaklaşabilen,

• Geçmişini iyi bilen, yorumlayan ve ders alabilen,

• Ekip ruhunu kavramış ve iletişimin öneminin ayırdında,

• Çağdaş kalite araç ve yöntemlerini bilen ve kullanabilen

• Teknolojiyi ve interneti etkin ve kullanan,

• Kuramı uygulamaya geçirebilen,

• Yaratıcılığını sonuna kadar kullanabilen,

• Özgünlüğün farkına varan ve vardıran,

• Zamanı en etkin şekilde yönetebilen,

• Ekip portföyünü oluşturup geliştirebilen,

• Etik kurallara uyan öğrenci ekiplerini;

"İmece Halkaları" yoluyla lider öğretmenleri ve velileri yoluyla yönlendirmeye, üretmeye ve paylaşmaya odaklı uluslararası bir çalışma yapmak!

"Bilişimci Martılar"; bir kurumdaki 2 öğretmenin yol göstericiliğinde 5-10 kişilik öğrenci ekiplerinden oluşurken,

"Lider Martılar" projesi ise görevdeki-emekli olmuş öğretmenlere, öğretmen adaylarına ve bireylere gereken yetkiyi verip onların birikimleri doğrultusunda hayallerindeki projeyi gerçekleştirme olanağı vermeyi amaçlıyor. Böylece katılımcılar, kendi belirledikleri plan içerisinde ve istedikleri paydaş gruplarıyla projelerini gerçekleştirip video filmler, web siteleri veya Bloglar oluşturarak paylaşıma gidiyor ve toplum liderliği yapıyorlar.

25 ülkeden oluşan "Eğitimde Toplam Kalite ve Mükemmellik Dünya Konseyi"nin Türkiye Genel Direktörlüğü olarak barış yolunda yaşam boyu öğrenme, sürekli gelişim ve iletişimi görev edindik. BİZİMLE İMECEYE VAR MISINIZ?

Hedef Kitle:

Ana sınıfından, lisansüstü sınıflara kadar tüm öğrencilerimize açık olan bu çalışma; ülkemizden başlayarak tüm dünya ile güzel örnekleri paylaşmayı ve en başarılı örnekleri uluslararası eğitim konferanslarına taşımayı hedefliyor.

• ÖĞRENCİ ODAKLI Bilişimci Martılar Projesinde;

1. Okul Öncesi sınıfları,

2. İlkokul,

3. Orta Okul,

4. Lise ve

5. Üniversite lisans ve

6. Engelli halkaları

olmak üzere altı kategori yer alıyor.

• ÖĞRETMEN ODAKLI Lider Martılar Projesinde ise;

1. Görevde olan öğretmenler,

2. Emekli öğretmenler,

3. Öğrenci-öğretmenler (Eğitim Fakültesi öğrencileri),

4. Veli, Demokratik Kitle Örgütleri veya iş dünyası liderlerinin çalışacağı projeler olmak üzere 4 kategori olacak.

Özetlersek; İKİ ana projede, toplam ON farklı hedef kitle ve değerlendirme kategorisi olacak.

Neden Böyle Bir Proje?

• 11 yıldır başarıyla sürüyor. Şimdiye dek başarıyla tamamlanan 293 Projeye katılan 3.000'den fazla öğretmen, öğrenci ve aile keyifle yol alıp çok şey öğrendiklerini söylüyorlar.

• 25 Dünya ülkesinin içinde olduğu Eğitimde Mükemmellik Dünya Konseyi'nin kalite uzmanları, kalite araçlarıyla öğrenci imece halkalarını (Kalite çemberlerini) tanıtıp geleceğin Kalite liderlerini yetiştirdiği için yürekten destek veriyor. Ödül törenleri Hindistan'ın Lucknow kentindeki Guinness Rekorlar kitabına göre 45 bin öğrencisiyle Dünyanın en büyük okulu olan ve 2002 UNESCO Barış Eğitimi Ödüllü olan City Montessori School'da (CMS) yapılıyor.

• Eğitim sistemimizin kalitesini yükseltecek olan "çoklu zekâ temelli, barış odaklı, yenilikçi ve yaratıcı" sorun çözme çalışmalarına öğrencileri yönelterek onları "ezberci eğitim"den uzaklaştırıyor. Bilimsel araştırma yöntemi için ise kalite araçlarını ve istatistiği etkin kullanmaları gerekiyor. Bu çalışmalar için olmazsa olmaz koşul ise; "ekip/grup/takım" bizim anlatımımızla "İmece halkası" çalışması.

• Katılımcılarımız e-devlet ve e-öğrenmenin sıkça konuşulduğu günümüzde küresel değişime ayak uydurabilmek, bilgiye kolayca erişebilmek ve ürettiklerini paylaşabilmek için "BİLİŞİM" dünyasını tanımak ve kullanmak zorunda. Bu nedenle projelerimizi bilişim odaklı paylaşıma hazırlıyoruz.

• "Duyarlılık" ise çok önemli bir özellik. Empatik yaklaşımın olmadığı ortamlarda her türlü anlaşmazlık, kargaşa ve hatta savaş var. Daha huzurlu bir dünya için; "Yurtta Barış, Dünyada Barış" sloganını rehber edinmiş bir ulus olarak öğrenmemiz ve öğretmemiz gereken en önemli şey duyarlı oluş. Sadece cinslerin değil, ırkların ve kültürlerin farklılıklarına duyarlılığı öğretmek amacımız.

• Hızla kirletip tükettiğimiz bir dünyamızda, karanlıklar ve kirlilikler (!) içinde yaşayan sürüngenler değil; masmavi dalgalar üstündeki tertemiz gökyüzünde süzülen martılar yaratmayı hedefliyoruz. Sürdürülebilir kalkınma geleceğin olmazsa olmazı!

Proje Konuları:

"Bilişimci Martılar" ve "Lider Martılar" Projeleri çok geniş bir çalışma alanını kapsıyor. Önemli olan öğrencilerin ve liderlik ruhunu taşıyan bireylerin ilgi duydukları ve gelecekte çalışma yapabileceklerini düşündükleri alanlarda derinlemesine ve bilimsel anlamda araştırma yapmalarını sağlamak. Proje konularının temelinde şu ana sorunlar yer almakta:

• Sürdürülebilir Kalkınma

• Liderlik

• Çevre okuryazarlığı ve duyarlılığı

• Kültürel ve kültürlerarası değerler farkındalığı

• Hakların korunması ve şiddetsiz yaşam

• Nitelikli eğitim

• Engellilerin Yetkilendirilmesi

• Sosyal Sorumluluk ve Sosyal Girişimcilik

• Moral Değerlerimizin korunması

• Mutlu ve Başarı kuşaklar için yapılması gerekenler

Konu veya sorun seçimi ekiplerin tercihine bırakılmakta. Önemli olan, proje çalışmasının;

1. Araştırma ve Planlama,

2. Veri toplama için uygulama,

3. Veri sonuçlarının incelenmesi ve

4. Sorunun çözümü için gereken iyileştirme önerilerini paylaşma adımlarını içermesi.

Yapılan çalışmaların; bilimsel araştırma ve proje etiği ilkelerine uygun olması, Her adımda olabildiğince teknolojinin ve kalite araçlarının etkin kullanılması ve Ortaya konan hedefi destekleyen etkinliklerin sosyal medya ve internet ortamına taşınması projenin olmazsa olmazları.

Değerlendirme:

Kurallara uymanın ilk değerlendirme ölçütü olduğunu ve bunun yıl boyunca iletişimi sürekli kılarak yapabileceğinizi belirtmek gerek. Bu aşamada onaylanarak değerlendirme sürecine giren ekipler Eş- ve Jüri- değerlendirmesi sonucunda "En..." konularında özel ödüller alacaklar.

Jüri üyelerimiz: Prof.Dr. Syed Ali (Johns Hopkins Üniversitesi, ABD), Prof.Dr. Filiz Karaosmanoğlu (İTÜ), Doç.Dr. Zeynep Kızıltepe ve Doç. Dr. F. Nevra Seggie (Boğaziçi Üniversitesi), Dr. Vineeta Kamran (CMS, Hindistan), Dr. Dheeraj Mehrotra (Next Education, Hindistan), Subarna KC (Nepal QUEST), Figen Atalay (Cumhuriyet) ve Mehmet Gül (Tria Bilişim).

Proje Adımları ve 2014-2015 Akademik yılı Proje Takvimi:

1. Proje başvurusu; Web sitemiz üzerinden 1 Ekim 2014 tarihinde başlayacak. 17 Ekim'de Boğaziçi Üniversitesi'nde yapılacak olan "2014 yılı Ulusal Ödül Töreni ve 2015 Proje Tanıtım Programı" önemli tarihlerden biri. Projeye katılacak olan kişi ve kurum temsilcilerinin Proje Genel koordinatörü Dr. Hayal Köksal ile proje alanını ve konusunu belirleyip Proje Protokolünü imzalaması gerekiyor.

2. Kayıtlar sonrasında Halka elemanları ve Liderler bir ön eğitim alarak projenin yöntemi olan "İmece Halkaları ile Proje Yönetimi" konusunda bilgilenecek.

3. Projelerin hazırlanması esnasında Skyle ve telefonla her türlü danışma ve yol gösterme mümkün olacak. Beklentimiz; iletişimin sürekli ve güçlü olması. Bu değerlendirmede önemli bir ölçüt!

4. Hazırlanan projeler CD ve web adresi olarak 5 Haziran 2015 tarihinde Hayal Köksal'a teslim edilecek.

5. Jürinin projeleri değerlendirmesi ve sonuçların duyurulması (15 Temmuz 2015).

6. Ulusal Ödül Töreni ülkemizde, Uluslararası Ödül Töreni ise 15 Aralık 2015 tarihinde Hindistan, Lucknow 'da bulunan City Montessori School'da gerçekleştirilecek olan "18. Uluslararası Öğrenci Kalite Halkaları Konvansiyonu" esnasında olacaktır. Arzu eden ekipler ve bireyler Hindistan'daki törene de kendi olanaklarıyla katılabilirler.

Sizleri aramızda görmek bizleri mutlu edecek.

Özümüzde olan kalitenin, paylaşımlarla güç kazanacağına olan inancımız sonsuz...

Daha fazla bilgi almak için; http://www.bilisimcimartilar.com adresini ziyaret ediniz.

HAYAL KÖKSAL
KALİTE VE BARIŞ EĞİTİM AĞI

Hayal Köksal Kalite ve Barış Eğitim Ağı'nın felsefesine göre; en iyi eğitim ortamı öğrencilerin var olan güçlerine ve gelecekteki başarılarına inanarak onlara büyümeyi, gelişmeyi ve öğrenmeyi öğreten; rahatlatıcı, destekleyici, sevgi dolu, işbirlikçi ve değişime açık bir okul ve sınıftır. Bu nedenle Network bünyesinde proje odaklı çalışmalara ağırlık verilir. Projelerimizden bazıları;

1- **"İmece Halkaları"** adını verdiğimiz ve Dünya Bankası 2005 Türkiye Yaratıcı Kalkınma Fikirleri Yarışması'nda ödül alan çalışmamız, 2003 yılından bu yana ikibine yakın İmece Halkası'nın kurulup çalışmasına ve bu bilimsel araştırma yöntemini öğrenmesine destek vermiştir. Mevcut eğitim programlarının uygulama yöntemi olarak da kullanılabilecek olan "İmece Halkaları" konusuna ilgi duyan ve okullarında da bu yöntemin uygulanması için eğitim ve yönlendirme almak isteyen idareci ve öğretmenlerimizin bizi aramasını rica ediyoruz.

2- **"Bilişimci Martılar Projeleri"**; dokuz yıldan bu yana uçuşunu sürdürmektedir. Öncelikle; araştırma, sorun belirleyip sorun analizi yapma, çözüm yolları araştırıp uygulamaya koyma ve dönütlerden yola çıkarak projeyi geliştirmeye odaklanan projelerin son aşaması ise; PPT sunumları, web ve blog tasarımları ile yapılanları paylaşıma açmak. Ana sınıfından üniversiteye kadar geniş bir yelpazede yürütülen projeye Amerika, İngiltere, Hindistan ve Güney Afrika'dan da okullar katılmaktadır (Bkz.www.bilisimcimartilar.com).

3- **"© Hayal Köksal Müfredat Akademisi"**: İlköğretim programının sınıf-içi uygulamalarında ortaya çıkan sorunlara yanıt bulmada öğretmenlerimize yardımcı olmak üzere geliştirilmiş bir eğitim paketi ve yıl boyu danışmanlığa yönelik bir program olan bu proje 13088 sayı ile 17.05.2005 tarihinde tescil edilmiştir. Proje resmî ve özel tüm eğitim kurumlarına yardımcı olmayı hedeflemektedir. **"Değişimin Lideri: Yenilikçi Öğretmen Eğitimi"**ni okulların kendi iklim ve kültürlerine uyarlanmış özel bir uygulamayla veriyoruz.

4- **"Mutluluk ve Değişim Atölyesi"** her yaş grubundan katılımcımıza "Bireysel Kalite Stratejilerini ve Yaşam Boyu Öğrenme İlkelerini" kazandırmaya; "öfkeyle başedip" huzurlu iç, iş ve aile yaşamı oluşturmalarına; yaratıcılık sınırlarını genişletip yaşantılarını yeniden tasarlamalarına; doğru nefes alma, rahatlama ve gevşeme tekniklerini öğrenip ruh ve beden sağlıklarına destek verme amacına yöneliktir. Bu eğitimde görevdeşlik yaratma yollarını çalışma arkadaşlarınızla eğlenerek keşfedeceksiniz.

5- **Köy Enstitüleri** Felsefesini öğrenmek, bu konudaki projeler içinde yer almak ister misiniz? Şu ana kadar çeşitli eğitim fakültelerinde 35 proje yürüttük. Sizin okulunuzda da "Köy Enstitüleri" ruhu oluşturalım; özgüvenli, kitap okumaktan hoşlanan, düşünen, sorgulayan, olumlu eleştiri yapabilen, müziğe ve sanata duyarlı yeni kuşaklar yetiştirme programı başlatalım.

6- Okulunuz paydaşları arasında gerginlik, çatışma ve bundan doğan performans düşüklüğü mü var? Gelin okulunuzda **"Uluslararası Sertifikalı Barış Eğitimi"** çalışmasını başlatıp, öğretmenlerinizi İngiltere ve Hindistan odaklı "Exchange/değişim" programına katalım.

7- Okulunuz İngilizce öğretmenleri ile **"Dil Eğitiminde Kalite Çalışma Grubu (Q-ELT)"** kurup bu alandaki profesyonel uluslararası ve ulusal kurumlarla işbirliği yapalım.

8- **"© Engelliler için Liderlik Akademisi"** kurulması çalışmaları içinde bulunan Merkezimiz 17 Ağustos 2010 tarihinden bu yana Türkiye Omurilik Felçlileri Derneği **(TOFD)** ile işbirliği yapmaktadır. Bu konuda farkındalık yaratmayı amaçlayan **"Engelleri Empati ile Aşmak"** kitabımız Kabalcı Ve Pandora Yayınevleri'nden alınabilir.

YAZAR HAKKINDA

Dr. Hayal Köksal 1956 yılında Balıkesir'de doğdu. 1976 yılında İzmir Eğitim Enstitüsü İngilizce Öğretmenliği Bölümü'nden mezun olduktan sonra on yıl orta dereceli okullarda İngilizce öğretmeni olarak çalıştı. 1985 yılında Marmara Üniversitesi, Atatürk Eğitim Fakültesi'nde lisansını tamamlayan Köksal yaşam boyu öğrencilik anlayışına uygun olarak 1992 yılında "İngilizce Dil Eğitimi (ELT)" dalında yüksek lisans, "Eğitim Bilimleri" alanında da doktora derecelerini aldı. Sırasıyla İstanbul, Gaziantep, Marmara, İstanbul Kültür Üniversiteleri'nde çalışan Dr. Köksal, 1998 yılından bu yana Boğaziçi Üniversitesi, Eğitim Fakültesi'nde "Kalite ve Barış" odaklı pedagojik formasyon dersleri vererek öğretmen eğitimine deneyimlerini katarak katkı sağlamaya çalışmaktadır. Farklı dönemlerde; Yeditepe, Bahçeşehir, Yıldız Teknik Üniversiteleri'nde de seçimlik dersler veren Dr. Köksal; 2011 yılında İngiltere'deki Kingston Üniversitesi'nde yürüttüğü "İmece Halkaları Proje ve Eğitimleri" ile de uluslararası kabul ve takdir gören bir öğretim üyesidir.

1992 yılından bu yana eğitimde nitelik iyileştirme çalışmaları içinde olan Dr. Köksal:
» Hindistan'da 25 ülke temsilcisi tarafından kurulmuş olan "Toplam Kalite ve Eğitimde Mükemmellik Konseyi'nin (WCTQEE)" Türkiye Genel Direktörü ve
» 180 ülkenin içinde olduğu için bir iletişim ağı olan "Human Dignity and Humiliation Studies"in *(www.humiliationstudies.org)* Küresel Danışmanlar Kurulu ve Eğitim Grubu üyesidir.
» 1999 - 2013 yılları arasında John Jay Bonstingl'ın kurucusu olduğu "Kalite Okulları Merkezi"nin Türkiye, 2012 yılından itibaren de Avrasya Merkezi temsilcisi olarak çalışmıştır.
» Halen Güney Afrika'daki Gençlik Gelişim Konseyi'nin (NYDT) *(www.nydt.org)* Türkiye elçisi ve Projeler Etik ve Standartlar Komitesi üyesi olan Dr. Köksal Boğaziçi Üniversitesi, Eğitim Fakültesi Yarı zamanlı öğretim görevlisi olup İngiltere'deki Kingston Üniversitesi'nin proje ortağı ve konuk öğretim görevlisidir.
Ondört kitabı ve çok sayıda makalesi olan Köksal kâr amaçsız bir sivil toplum kuruluşu olan Sürekli Gelişim Derneği'nin (Sü Ge Der) kurucu başkanlığını 2005-2012 yılları arasında yürütmüş ve halen çeşitli Sivil Toplum Kuruluşları'nda da topluma destek amaçlı çalışmalar yapmaktadır. Dr. Köksal İnged (İngilizce Eğitimi Derneği) üyesi, Köy Enstitülerini Araştırma ve Eğitimi Geliştirme Derneği'nin kurucu eski üyesi, Yeni Kuşak Köy Enstitüleri kurucu üyesi, Öğretim Programları ve Öğretimi Derneği ve Dünya Pozitif Psikoterapi Vakfı üyesidir.

Türk turizmini tanıtıcı okul projelerine verdiği destek nedeniyle; 2002 yılında Turizm Bakanlığı tarafından "Turizme Hizmet Madalyası" ile onurlandırılan Köksal; "İmece Halkaları" Projesi ile Dünya Bankası "2005 Türkiye Yenilikçi Kalkınma Fikirleri Ödülü" almıştır. Dr. Hayal Köksal'a; WCTQEE tarafından 2005 yılında "Eğitimde Kalite Lideri Ödülü", 2008 yılında "Nelum Silva Mükemmellik Ödülü" ve "Helen Keller Mükemmellik

Ödülü" verilmiştir.

2004-2009 yılları arasında Microsoft Türkiye'nin danışmanlığını yaparak "Innovative Teachers" programını Türkiye için yerelleştiren ve "Yenilikçi öğretmen ve koçlar" yetiştiren Dr.Köksal; 2009 yılında Türkiye Bilişim Derneği tarafından düzenlenen Bilişimin Yıldızları Yarışması'nda "E-Eğitim" alanında *www.bilisimcimartilar.com* web sayfası tasarımı ile 3. Olmuştur. 17 yıldan bu yana Boğaziçi Üniversitesi, Eğitim Fakültesi'nde ders vermekte olan Dr. Köksal evli ve bir kız çocuğu annesidir.

İLETİŞİM İÇİN:
» *hayal@hayalkoksal.com*
» *hayal@boun.edu.tr*
» *koksalhayal@gmail.com*
» *www.hayalkoksal.com*
» *www.bilisimcimartilar.com*

» Cep: +90 532 373 84 87
» Tel : +90 212 341 26 01
» Fax: +90 212 341 26 02

Dignity Press
World Dignity University Press

More books from Dignity Press and World Dignity University Press

www.dignitypress.org

~

Mark Tarver
CONVERSATIONS OF TAOIST MASTER FU HSIANG

George W. Wolfe
MEDITATIONS ON MYSTERY

David Y. F. Ho
ENLIGHTENED OR MAD?
A PSYCHOANALYST GLIMPSES INTO MYSTICAL MAGNANIMITY

Michael H. Prosser, Mansoureh Sharifzadeh, Zhang Zhengyong
FINDING CROSS-CULTURAL COMMON GROUND

Cui Litang, Michael Prosser (eds.)
SOCIAL MEDIA IN ASIA

Li Mengyu, Michael H. Prosser
CHINESE COMMUNICATING INTERCULTURALLY

Ada Aharoni
RARE FLOWER

Francesco Cardoso Gomes de Matos
DIGNITY – A MULTIDIMENSIONAL VIEW

Victoria Fontan
DECOLONIZING PEACE

Deepak Tripathi
A JOURNEY THROUGH TURBULENCE

Hilary Roseman
GENERATING FORGIVENESS AND CONSTRUCTING PEACE THROUGH
TRUTHFUL DIALOGUE: ABRAHAMIC PERSPECTIVES

Kathy W. Beckwith
A MIGHTY CASE AGAINST WAR

Evelin G. Lindner
A DIGNITY ECONOMY

Howard Richards, Joanna Swanger
GANDHI AND THE FUTURE OF ECONOMICS

Howard Richards
THE NURTURING OF TIME FUTURE

Arctic Queen
THE PEARL

Arctic Queen
MAGIC OF THE EVERYDAY

Kenday Kamara
ONLINE COLLABORATIVE LEARNING

in French:

Pierre-Amal Kana
AFGHANISTAN - LE RÊVE PASHTOUN
ET LA VOIE DE LA PAIX

in German:

Helmut Starrach
EIN LIEBENDES UND RUHELOSES HERZ

Petrus Ceelen
HALT DIE OHREN STEIF
99 FRIEDHOFSGESCHICHTEN

Petrus Ceelen
MEHR ALS DU DENKST
77 NAMENSGESCHICHTEN

www.ingramcontent.com/pod-product-compliance
Lightning Source LLC
Chambersburg PA
CBHW052007090426
42741CB00008B/1581